Wolfgang Amadeus Mozart
Die Zauberflöte

KV 620

Eine große Oper in zwei Aufzügen
Libretto von Emanuel Schikaneder

Herausgegeben von Hans-Albrecht Koch
Mit einem Nachwort von Ulrich Konrad

Reclam

RECLAMS UNIVERSAL-BIBLIOTHEK Nr. 14066
1991, 2022 Philipp Reclam jun. Verlag GmbH,
Siemensstraße 32, 71254 Ditzingen
Gestaltung: Cornelia Feyll, Friedrich Forssman
Druck und Bindung: EsserDruck Solutions GmbH,
Untere Sonnenstraße 5, 84030 Ergolding
Printed in Germany 2022

ISBN 978-3-15-014066-6

Auch als E-Book erhältlich

www.reclam.de

K.K. priv. Wiedner Theater

L. I.

Heute Freytag den 30ten September 1791.

Werden die Schauspieler in dem kaiserl. königl. privil. Theater auf der Wieden die Ehre haben aufzuführen

Zum Erstenmale:

Die

Zauberflöte.

Eine grosse Oper in 2 Akten, von Emanuel Schikaneder.

Personen.

Sarastro.	Hr. Gerl.
Tamino.	Hr. Schack.
Sprecher.	Hr. Winter.
Erster)	Hr. Schikaneder der ältere.
Zweyter) Priester.	Hr. Kistler.
Dritter)	Hr. Moll.
Königin der Nacht.	Mad. Hofer.
Pamina ihre Tochter.	Mlle. Gottlieb.
Erste)	Mlle. Klöpfer.
Zweyte) Dame.	Mlle. Hofmann.
Dritte)	Mad. Schack.
Papageno.	Hr. Schikaneder der jüngere.
Ein altes Weib.	Mad. Gerl.
Monostatos ein Mohr.	Hr. Nouseul.
Erster)	Hr. Giesecke.
Zweyter) Sklav.	Hr. Frasel.
Dritter)	Hr. Starke.
Priester, Sklaven, Gefolge.	

Die Musik ist von Herrn Wolfgang Amade Mozart, Kapellmeister, und wirklicher K. K. Kammerkompositeur. Herr Mozart wird aus Hochachtung für ein gnädiges und verehrungswürdiges Publikum, und aus Freundschaft gegen den Verfasser des Stücks, das Orchester heute selbst dirigiren.

Die Bücher von der Oper, die mit zwey Kupferstichen versehen sind, wo Herr Schikaneder in der Rolle als Papageno nach wahrem Kostum gestochen ist, werden bei der Theater-Kassa vor 30 kr. verkauft.

Herr Gayl Theatermahler und Herr Neßthaler als Dekorateur schmeicheln sich nach dem vorgeschriebenen Plan des Stücks, mit möglichstem Künstlersfleiß gearbeitet zu haben.

Die Eintrittspreise sind wie gewöhnlich.

Der Anfang ist um 7 Uhr.

Theaterzettel der Uraufführung der »Zauberflöte« im Theater auf der Wieden

Reihenfolge der Musiknummern

Ouvertüre

Erster Aufzug

Nr. 1 Introduktion: Zu Hilfe!
Nr. 2 Arie: Der Vogelfänger bin ich ja
Nr. 3 Arie: Dies Bildnis ist bezaubernd schön
Nr. 4 Rezitativ und Arie: O zittre nicht, mein lieber Sohn!
Nr. 5 Quintett: Hm! hm! hm! hm! hm! hm! hm! hm!
Nr. 6 Terzett: Du feines Täubchen, nur herein
Nr. 7 Duett: Bei Männern, welche Liebe fühlen
Nr. 8 Finale: Zum Ziele führt dich diese Bahn

Zweiter Aufzug

Nr. 9 Marsch
Nr. 10 Arie mit Chor: O Isis und Osiris
Nr. 11 Duett: Bewahret euch vor Weibertücken
Nr. 12 Quintett: Wie? Wie? Wie?
Nr. 13 Arie: Alles fühlt der Liebe Freuden
Nr. 14 Arie: Der Hölle Rache kocht in meinem Herzen
Nr. 15 Arie: In diesen heilgen Hallen
Nr. 16 Terzett: Seid uns zum zweiten Mal willkommen
Nr. 17 Arie: Ach, ich fühl's, es ist verschwunden!
Nr. 18 Chor: O Isis, und Osiris, welche Wonne!
Nr. 19 Terzett: Soll ich dich, Teurer, nicht mehr sehn?
Nr. 20 Arie: Ein Mädchen oder Weibchen
Nr. 21 Finale: Bald prangt, den Morgen zu verkünden

Personen

SARASTRO	Bass
TAMINO	Tenor
SPRECHER	Bass
ERSTER PRIESTER	Bass
ZWEITER PRIESTER	Tenor
DRITTER PRIESTER	Sprechrolle
KÖNIGIN DER NACHT	Sopran
PAMINA, ihre Tochter	Sopran
ERSTE DAME	Sopran
ZWEITE DAME	Sopran
DRITTE DAME	Sopran
ERSTER KNABE	Sopran
ZWEITER KNABE	Sopran
DRITTER KNABE	Sopran
EIN ALTES WEIB (PAPAGENA)	Sopran
PAPAGENO	Bass
MONOSTATOS, ein Mohr	Tenor
ERSTER GEHARNISCHTER MANN	Tenor
ZWEITER GEHARNISCHTER MANN	Bass
ERSTER SKLAVE	Sprechrolle
ZWEITER SKLAVE	Sprechrolle
DRITTER SKLAVE	Sprechrolle

Chor: Priester, Sklaven, Gefolge

Ouvertüre

Erster Aufzug

Erster Auftritt

Das Theater ist eine felsige Gegend, hie und da mit Bäumen überwachsen; auf beiden Seiten sind gangbare Berge, nebst einem runden Tempel.

Tamino kommt in einem prächtigen javonischen Jagdkleide rechts von einem Felsen herunter, mit einem Bogen, aber ohne Pfeil; eine Schlange verfolgt ihn.

Nr. 1 Introduktion

TAMINO. Zu Hilfe! Zu Hilfe! sonst bin ich verloren,
Der listigen Schlange zum Opfer erkoren. –
Barmherzige Götter! Schon nahet sie sich!
Ach rettet mich! Ach schützet mich!
(Er fällt in Ohnmacht; sogleich öffnet sich die Pforte des Tempels; drei verschleierte Damen kommen heraus, jede mit einem silbernen Wurfspieß.)

DIE DREI DAMEN. Stirb, Ungeheur, durch unsre Macht!
Triumph! Triumph! Sie ist vollbracht,
Die Heldentat! Er ist befreit
Durch unsres Armes Tapferkeit.

ERSTE DAME *(ihn betrachtend).*
Ein holder Jüngling sanft und schön.

ZWEITE DAME. So schön, als ich noch nie gesehn.

DRITTE DAME. Ja ja, gewiss! Zum Malen schön.

ALLE DREI. Würd ich mein Herz der Liebe weihn,
So müsst es dieser Jüngling sein.
Lasst uns zu unsrer Fürstin eilen,
Ihr diese Nachricht zu erteilen.
Vielleicht, dass dieser schöne Mann
Die vor'ge Ruh ihr geben kann.
ERSTE DAME. So geht und sagt es ihr,
Ich bleib indessen hier.
ZWEITE DAME. Nein, nein, geht ihr nur hin,
Ich wache hier für ihn!
DRITTE DAME. Nein, nein, das kann nicht sein,
Ich schütze ihn allein.
ERSTE DAME. Ich bleib indessen hier.
ZWEITE DAME. Ich wache hier für ihn!
DRITTE DAME. Ich schütze ihn allein!
ERSTE DAME. Ich bleibe!
ZWEITE DAME. Ich wache!
DRITTE DAME. Ich schütze!
ALLE DREI. Ich!
(Jede für sich.) Ich sollte fort? Ei ei! wie fein!
Sie wären gern bei ihm allein,
Nein, nein, das kann nicht sein!
(Eine nach der andern, dann alle drei zugleich.)
Was wollte ich darum nicht geben,
Könnt ich mit diesem Jüngling leben!
Hätt ich ihn doch so ganz allein!
Doch keine geht, es kann nicht sein.
Am besten ist es nun, ich geh.
Du Jüngling, schön und liebevoll,
Du trauter Jüngling, lebe wohl,
Bis ich dich wieder seh.

(Sie gehen alle drei zur Pforte des Tempels ab, die sich selbst öffnet und schließt.)

TAMINO *(erwacht, sieht furchtsam umher).* Wo bin ich! Ist's Fantasie, dass ich noch lebe? Oder hat eine höhere Macht mich gerettet?
(Er steht auf, sieht umher.)
Wie? – Die bösartige Schlange liegt tot zu meinen Füßen?
(Man hört von fern ein Waldflötchen, worunter das Orchester piano akkompagniert. Tamino spricht unter dem Ritornell.)
Was hör ich? Wo bin ich? Welch unbekannter Ort? – Ha, eine männliche Figur nähert sich dem Tal.
(Versteckt sich hinter einem Baum.)

Zweiter Auftritt

Papageno kommt den Fußsteig herunter, hat auf dem Rücken eine große Vogelsteige, die hoch über den Kopf geht, worin verschiedene Vögel sind; auch hält er mit beiden Händen ein Faunen-Flötchen, pfeift und singt.

Nr. 2 Arie

PAPAGENO. Der Vogelfänger bin ich ja,
Stets lustig, heißa! hopsasa!
Ich Vogelfänger bin bekannt
Bei Alt und Jung im ganzen Land.
Weiß mit dem Locken umzugehn
Und mich aufs Pfeifen zu verstehn.
Drum kann ich froh und lustig sein,
Denn alle Vögel sind ja mein.
(Pfeift.)

Der Vogelfänger bin ich ja,
Stets lustig, heißa! hopsasa!
Ich Vogelfänger bin bekannt
Bei Alt und Jung im ganzen Land.
Ein Netz für Mädchen möchte ich,
Ich fing' sie dutzendweis für mich.
Dann sperrte ich sie bei mir ein,
Und alle Mädchen wären mein.
(Pfeift.)

Wenn alle Mädchen wären mein,
So tauschte ich brav Zucker ein:
Die, welche mir am liebsten wär,
Der gäb ich gleich den Zucker her.
Und küsste sie mich zärtlich dann,
Wär sie mein Weib und ich ihr Mann.
Sie schlief an meiner Seite ein,
Ich wiegte wie ein Kind sie ein.
(Pfeift, will nach der Arie nach der Pforte gehen.)

TAMINO *(nimmt ihn bei der Hand).* He da!

PAPAGENO. Was da!

TAMINO. Sag mir, du lustiger Freund, wer du seist?

PAPAGENO. Wer ich bin? *(Für sich.)* Dumme Frage! *(Laut.)*
Ein Mensch, wie du. – Wenn ich dich nun fragte, wer du bist? –

TAMINO. So würde ich dir antworten, dass ich aus fürstlichem Geblüte bin.

PAPAGENO. Das ist mir zu hoch. – Musst dich deutlicher erklären, wenn ich dich verstehen soll!

TAMINO. Mein Vater ist Fürst, der über viele Länder und Menschen herrscht; darum nennt man mich Prinz.

PAPAGENO. Länder? – Menschen? – Prinz? –

TAMINO. Daher frag ich dich! –

PAPAGENO. Langsam! Lass mich fragen. – Sag du mir zuvor: Gibt's außer diesen Bergen auch noch Länder und Menschen?

TAMINO. Viele Tausende!

PAPAGENO. Da ließ' sich eine Spekulation mit meinen Vögeln machen.

TAMINO. Nun sag du mir, in welcher Gegend wir sind. –

PAPAGENO. In welcher Gegend?
(Sieht sich um.)
Zwischen Tälern und Bergen.

TAMINO. Schon recht! aber wie nennt man eigentlich diese Gegend? – Wer beherrscht sie? –

PAPAGENO. Das kann ich dir ebenso wenig beantworten, als ich weiß, wie ich auf die Welt gekommen bin.

TAMINO *(lacht)*. Wie? Du wüsstest nicht, wo du geboren oder wer deine Eltern waren? –

PAPAGENO. Kein Wort! – Ich weiß nicht mehr und nicht weniger, als dass mich ein alter, aber sehr lustiger Mann auferzogen und ernährt hat.

TAMINO. Das war vermutlich dein Vater? –

PAPAGENO. Das weiß ich nicht.

TAMINO. Hattest du denn deine Mutter nicht gekannt?

PAPAGENO. Gekannt hab ich sie nicht; erzählen ließ ich mir's einige Mal, dass meine Mutter einst da in diesem verschlossenen Gebäude bei der nächtlich sternflammenden Königin gedient hätte. – Ob sie noch lebt, oder was aus ihr geworden ist, weiß ich nicht. – Ich weiß nur so viel, dass nicht weit von hier meine Strohhütte steht, die mich vor Regen und Kälte schützt.

TAMINO. Aber wie lebst du?

PAPAGENO. Von Essen und Trinken, wie alle Menschen.

TAMINO. Wodurch erhältst du das?

PAPAGENO. Durch Tausch. – Ich fange für die sternflammende Königin und ihre Jungfrauen verschiedene Vögel; dafür erhalt ich täglich Speis und Trank von ihr.

TAMINO *(für sich)*. Sternflammende Königin? Wenn es etwa gar die mächtige Herrscherin der Nacht wäre! – Sag mir, guter Freund! warst du schon so glücklich, diese Göttin der Nacht zu sehen?

PAPAGENO *(der bisher öfters auf seiner Flöte geblasen)*. Deine letzte alberne Frage überzeugt mich, dass du aus einem fremden Land geboren bist. –

TAMINO. Sei darüber nicht ungehalten, lieber Freund! Ich dachte nur –

PAPAGENO. Sehen? – Die sternflammende Königin sehen? – Wenn du noch mit einer solchen albernen Frage an mich kommst, so sperr ich dich, so wahr ich Papageno heiße, wie einen Gimpel in mein Vogelhaus, verhandle dich dann mit meinen übrigen Vögeln an die nächtliche Königin und ihre Jungfrauen; dann mögen sie dich meinetwegen sieden oder braten.

TAMINO *(für sich)*. Ein wunderlicher Mann!

PAPAGENO. Sehen? – Die sternflammende Königin sehen? – Welcher Sterbliche kann sich rühmen, sie je gesehen zu haben? Welches Menschen Auge würde durch ihren schwarz durchwebten Schleier blicken können?

TAMINO *(für sich)*. Nun ist's klar; es ist eben diese nächtliche Königin, von der mein Vater mir so oft erzählte. – Aber zu fassen, wie ich mich hierher verirrte, ist außer meiner Macht. Unfehlbar ist auch dieser Mann kein gewöhnlicher Mensch. – Vielleicht einer ihrer dienstbaren Geister.

PAPAGENO *(für sich)*. Wie er mich so starr anblickt! bald fang ich an, mich vor ihm zu fürchten. – Warum siehst du so verdächtig und schelmisch nach mir?

TAMINO. Weil – weil ich zweifle, ob du Mensch bist. –

PAPAGENO. Wie war das?

TAMINO. Nach deinen Federn, die dich bedecken, halt ich dich –

(Geht auf ihn zu.)

PAPAGENO. Doch für keinen Vogel? – Bleib zurück, sag ich, und traue mir nicht; – denn ich habe Riesenkraft, wenn ich jemand packe. – Wenn er sich nicht bald von mir schrecken lässt, so lauf ich davon.

TAMINO. Riesenkraft?

(Er sieht auf die Schlange.)

Also warst du wohl gar mein Erretter, der diese giftige Schlange bekämpfte?

PAPAGENO. Schlange!

(Sieht sich um, weicht zitternd einige Schritte zurück.)

Was da! ist sie tot, oder lebendig?

TAMINO. Du willst durch deine bescheidene Frage meinen Dank ablehnen – aber ich muss dir sagen, dass ich ewig für deine so tapfere Handlung dankbar sein werde.

PAPAGENO. Schweigen wir davon still – freuen wir uns, dass sie glücklich überwunden ist.

TAMINO. Aber um alles in der Welt, Freund! wie hast du dieses Ungeheuer bekämpft? – Du bist ohne Waffen.

PAPAGENO. Brauch keine! – Bei mir ist ein starker Druck mit der Hand mehr als Waffen.

TAMINO. Du hast sie also erdrosselt?
PAPAGENO. Erdrosselt! *(Für sich.)* Bin in meinem Leben nicht so stark gewesen als heute.

Dritter Auftritt

Die Vorigen, die drei Damen.

DIE DREI DAMEN *(drohen und rufen zugleich)*. Papageno!
PAPAGENO. Aha! das geht mich an. – Sieh dich um, Freund!
TAMINO. Wer sind diese Damen?
PAPAGENO. Wer sie eigentlich sind, weiß ich selbst nicht. – Ich weiß nur so viel, dass sie mir täglich meine Vögel abnehmen und mir dafür Wein, Zuckerbrot und süße Feigen bringen.
TAMINO. Sie sind vermutlich sehr schön?
PAPAGENO. Ich denke nicht! – – denn wenn sie schön wären, würden sie ihre Gesichter nicht bedecken.
DIE DREI DAMEN *(drohend)*. Papageno! –
PAPAGENO. Sei still! Sie drohen mir schon. – Du fragst, ob sie schön sind, und ich kann dir darauf nichts antworten, als dass ich in meinem Leben nichts Reizenderes sah. – Jetzt werden sie bald wieder gut werden. – –
DIE DREI DAMEN *(drohend)*. Papageno! –
PAPAGENO. Was muss ich denn heute verbrochen haben, dass sie gar so aufgebracht wider mich sind? – Hier, meine Schönen, übergeb ich meine Vögel.
ERSTE DAME *(reicht ihm eine schöne Bouteille Wasser)*. Dafür schickt dir unsere Fürstin heute zum ersten Mal statt Wein reines helles Wasser.

ZWEITE DAME. Und mir befahl sie, dass ich, statt Zuckerbrot, diesen Stein dir überbringen soll. – Ich wünsche, dass er dir wohl bekommen möge.

PAPAGENO. Was? Steine soll ich fressen?

DRITTE DAME. Und statt der süßen Feigen hab ich die Ehre, dir dies goldene Schloss vor den Mund zu schlagen. *(Sie schlägt ihm das Schloss vor.)*
(Papageno hat seinen Scherz durch Gebärden.)

ERSTE DAME. Du willst vermutlich wissen, warum die Fürstin dich heute so wunderbar bestraft?
(Papageno bejaht es.)

ZWEITE DAME. Damit du künftig nie mehr Fremde belügst.

DRITTE DAME. Und dass du nie dich der Heldentaten rühmst, die andre vollzogen. –

ERSTE DAME. Sag an! Hast du diese Schlange bekämpft?
(Papageno deutet nein.)

ZWEITE DAME. Wer denn also?

(Papageno deutet, er wisse es nicht.)

DRITTE DAME. Wir waren's, Jüngling, die dich befreiten. – Zittre nicht! dich erwartet Freude und Entzücken. – Hier, dies Gemälde schickt dir die große Fürstin; es ist das Bildnis ihrer Tochter – findest du, sagte sie, dass diese Züge dir nicht gleichgültig sind, dann ist Glück, Ehr und Ruhm dein Los. – Auf Wiedersehen.
(Geht ab.)

ZWEITE DAME. Adieu, Monsieur Papageno!
(Geht ab.)

ERSTE DAME. Fein nicht zu hastig getrunken!
(Geht lachend ab.)
(Papageno hat immer sein stummes Spiel gehabt. Tamino

ist gleich beim Empfang des Bildnisses aufmerksam geworden; seine Liebe nimmt zu, ob er gleich für alle diese Reden taub schien.)

Vierter Auftritt

Tamino, Papageno.

Nr. 3 Arie

TAMINO. Dies Bildnis ist bezaubernd schön,
Wie noch kein Auge je gesehn.
Ich fühl es, wie dies Götterbild
Mein Herz mit neuer Regung füllt.
Dies Etwas kann ich zwar nicht nennen,
Doch fühl ich's hier wie Feuer brennen.
Soll die Empfindung Liebe sein?
Ja, ja, die Liebe ist's allein.
O wenn ich sie nur finden könnte!
O wenn sie doch schon vor mir stünde!
Ich würde – würde – warm und rein –
Was würde ich? – Ich würde sie voll Entzücken
An diesen heißen Busen drücken,
Und ewig wäre sie dann mein.
(Will ab.)

Fünfter Auftritt

Die drei Damen, Vorige.

ERSTE DAME. Rüste dich mit Mut und Standhaftigkeit, schöner Jüngling! – Die Fürstin –

ZWEITE DAME. Hat mir aufgetragen, dir zu sagen –

DRITTE DAME. Dass der Weg zu deinem künftigen Glücke nunmehr gebahnt sei.

ERSTE DAME. Sie hat jedes deiner Worte gehört, so du sprachst; – sie hat –

ZWEITE DAME. Jeden Zug in deinem Gesichte gelesen. – Ja noch mehr, ihr mütterliches Herz –

DRITTE DAME. Hat beschlossen, dich ganz glücklich zu machen. – Hat dieser Jüngling, sprach sie, auch so viel Mut und Tapferkeit, als er zärtlich ist, o so ist meine Tochter Pamina ganz gewiss gerettet.

TAMINO. Gerettet? O ewige Dunkelheit! was hör ich? – Das Original? –

ERSTE DAME. Hat ein mächtiger, böser Dämon ihr entrissen.

TAMINO. Entrissen? – O ihr Götter! – sagt, wie konnte das geschehen?

ERSTE DAME. Sie saß an einem schönen Maientage ganz allein in dem alles belebenden Zypressenwäldchen, welches immer ihr Lieblingsaufenthalt war. – Der Bösewicht schlich unbemerkt hinein –

ZWEITE DAME. Belauschte sie, und –

DRITTE DAME. Er hat nebst seinem bösen Herzen auch noch die Macht, sich in jede erdenkliche Gestalt zu verwandeln; auf solche Weise hat er auch Pamina –

ERSTE DAME. Dies ist der Name der königlichen Tochter, so Ihr anbetet.

TAMINO. O Pamina! du mir entrissen – du in der Gewalt eines üppigen Bösewichts! – bist vielleicht in diesem Augenblick – schrecklicher Gedanke!

DIE DREI DAMEN. Schweig, Jüngling! – –

ERSTE DAME. Lästere der holden Schönheit Tugend nicht! – Trotz aller Pein, so die Unschuld duldet, ist sie sich immer gleich. – Weder Zwang noch Schmeichelei ist vermögend, sie zum Wege des Lasters zu verführen. – –

TAMINO. O sagt, Mädchen! sagt, wo ist des Tyrannen Aufenthalt?

ZWEITE DAME. Sehr nahe an unsern Bergen lebt er in einem angenehmen und reizenden Tale. – Seine Burg ist prachtvoll, und sorgsam bewacht.

TAMINO. Kommt, Mädchen! führt mich! – Pamina sei gerettet! – Der Bösewicht falle von meinem Arm; das schwör ich bei meiner Liebe, bei meinem Herzen! – *(Sogleich wird ein heftig erschütternder Akkord mit Musik gehört.)*
Ihr Götter! was ist das?

DIE DREI DAMEN. Fasse dich!

ERSTE DAME. Es verkündigt die Ankunft unserer Königin. *(Donner.)*

DIE DREI DAMEN. Sie kommt! –
(Donner.)
Sie kommt! – –
(Donner.)
Sie kommt! –

Sechster Auftritt

Die Berge teilen sich auseinander, und das Theater verwandelt sich in ein prächtiges Gemach.

Die Königin sitzt auf einem Thron, welcher mit transparenten Sternen geziert ist.

Nr. 4 Rezitativ und Arie

KÖNIGIN DER NACHT. O zittre nicht, mein lieber Sohn!
Du bist unschuldig, weise, fromm.
Ein Jüngling, so wie du, vermag am besten,
das tiefbetrübte Mutterherz zu trösten.

Zum Leiden bin ich auserkoren,
Denn meine Tochter fehlet mir.
Durch sie ging all mein Glück verloren,
Ein Bösewicht entfloh mit ihr.
Noch seh ich ihr Zittern
Mit bangem Erschüttern,
Ihr ängstliches Beben,
Ihr schüchternes Streben.
Ich musste sie mir rauben sehen.
Ach helft! war alles was sie sprach;
Allein vergebens war ihr Flehen,
Denn meine Hilfe war zu schwach.
Du wirst sie zu befreien gehen,
Du wirst der Tochter Retter sein! ja!
So sei sie dann auf ewig dein.
(Mit den drei Damen ab.)

Das Theater verwandelt sich wieder so, wie es vorher war.

Siebenter Auftritt

Tamino, Papageno.

TAMINO *(nach einer Pause).* Ist's denn auch Wirklichkeit, was ich sah? oder betäubten mich meine Sinnen? – O ihr guten Götter, täuscht mich nicht, oder ich unterliege eurer Prüfung. – Schützet meinen Arm, stählt meinen Mut, und Taminos Herz wird ewigen Dank euch entgegenschlagen.
(Er will gehen, Papageno tritt ihm in den Weg.)

Nr. 5 Quintett

PAPAGENO *(mit dem Schlosse vor dem Maul, winkt traurig darauf).* Hm! hm! hm! hm! hm! hm! hm! hm!
TAMINO. Der Arme kann von Strafe sagen,
Denn seine Sprache ist dahin!
PAPAGENO. Hm! hm! hm! hm! hm! hm! hm!
TAMINO. Ich kann nichts tun, als dich beklagen,
Weil ich zu schwach zu helfen bin!
PAPAGENO. Hm! hm! hm! hm! hm! hm! hm! hm!

Achter Auftritt

Die drei Damen, Vorige.

ERSTE DAME *(nimmt ihm das Schloss vom Maul weg).*
Die Königin begnadigt dich,
Entlässt die Strafe dir durch mich.
PAPAGENO. Nun plaudert Papageno wieder!
ZWEITE DAME. Ja plaudre – lüge nur nicht wieder!
PAPAGENO. Ich lüge nimmermehr, nein, nein!
DIE DREI DAMEN. Dies Schloss soll deine Warnung sein!
PAPAGENO. Dies Schloss soll meine Warnung sein!
ALLE. Bekämen doch die Lügner alle
Ein solches Schloss vor ihren Mund:
Statt Hass, Verleumdung, schwarzer Galle
Bestünde Lieb und Bruderbund.
ERSTE DAME. O Prinz, nimm dies Geschenk von mir!
Dies sendet unsre Fürstin dir.
(Gibt ihm eine goldene Flöte.)
Die Zauberflöte wird dich schützen,
Im größten Unglück unterstützen.
DIE DREI DAMEN. Hiemit kannst du allmächtig handeln,
Der Menschen Leidenschaft verwandeln,
Der Traurige wird freudig sein,
Den Hagestolz nimmt Liebe ein.
ALLE. O so eine Flöte ist mehr als Gold und Kronen wert,
Denn durch sie wird Menschenglück und Zufriedenheit vermehrt.
PAPAGENO. Nun, ihr schönen Frauenzimmer –
Darf ich? so empfehl ich mich?
DIE DREI DAMEN. Dich empfehlen kannst du immer,

Doch bestimmt die Fürstin dich,
Mit dem Prinzen ohn Verweilen
Nach Sarastros Burg zu eilen.

PAPAGENO. Nein, dafür bedank ich mich.
Von euch selbsten hörte ich,
Dass er wie ein Tigertier.
Sicher ließ' ohn alle Gnaden
Mich Sarastro rupfen, braten,
Setzte mich den Hunden für.

DIE DREI DAMEN. Dich schützt der Prinz, trau ihm allein,
Dafür sollst du sein Diener sein.

PAPAGENO *(für sich)*. Dass doch der Prinz beim Teufel wäre.
Mein Leben ist mir lieb.
Am Ende schleicht, bei meiner Ehre,
Er von mir wie ein Dieb.

ERSTE DAME *(gibt ihm ein stahlnes Gelächter[1])*.
Hier nimm dies Kleinod, es ist dein!

PAPAGENO. Ei! Ei! was mag da drinnen sein?

DIE DREI DAMEN. Darinnen hörst du Glöckchen tönen!

PAPAGENO. Werd ich sie auch wohl spielen können?

DIE DREI DAMEN. O ganz gewiss! ja, ja, gewiss!

ALLE. Silberglöckchen, Zauberflöten
Sind zu eurem (unserm) Schutz vonnöten!
Lebet wohl! wir wollen gehn!
Lebet wohl – auf Wiedersehn!
(Alle wollen gehen.)

TAMINO. Doch, schöne Damen, saget an …

PAPAGENO. … wo man die Burg wohl finden kann?

BEIDE. Wo man die Burg wohl finden kann? –

1 Glockenspiel.

DIE DREI DAMEN.

Drei Knäbchen, jung, schön, hold und weise,
Umschweben euch auf eurer Reise.
Sie werden eure Führer sein,
Folgt ihrem Rate ganz allein.

TAMINO, PAPAGENO.

Drei Knäbchen, jung, schön, hold und weise,
Umschweben uns auf unsrer Reise?

ALLE. So lebet wohl! wir wollen gehn;
Lebt wohl, lebt wohl, auf Wiedersehn!
(Alle ab.)

Neunter Auftritt

Zwei Sklaven tragen, sobald das Theater in ein prächtiges ägyptisches Zimmer verwandelt ist, schöne Polster nebst einem prächtigen türkischen Tisch heraus, breiten Teppiche aus; sodann kommt der dritte Sklave.

DRITTER SKLAVE. Ha, ha, ha!

ERSTER SKLAVE. Pst, Pst!

ZWEITER SKLAVE. Was soll denn das Lachen? –

DRITTER SKLAVE. Unser Peiniger, der alles belauschende Mohr, wird morgen sicherlich gehangen oder gespießt. – Pamina! – Ha, ha, ha!

ERSTER SKLAVE. Nun?

DRITTER SKLAVE. Das reizende Mädchen! – Ha, ha, ha!

ZWEITER SKLAVE. Nun?

DRITTER SKLAVE. Ist entsprungen.

ERSTER UND ZWEITER SKLAVE. Entsprungen? – –

ERSTER SKLAVE. Und sie entkam?

DRITTER SKLAVE. Unfehlbar! – Wenigstens ist's mein wahrer Wunsch.

ERSTER SKLAVE. O Dank euch, ihr guten Götter! ihr habt meine Bitte erhört.

DRITTER SKLAVE. Sagt ich euch nicht immer, es wird doch ein Tag für uns scheinen, wo wir gerochen, und der schwarze Monostatos bestraft werden wird.

ZWEITER SKLAVE. Was spricht nun der Mohr zu der Geschichte?

ERSTER SKLAVE. Er weiß doch davon?

DRITTER SKLAVE. Natürlich! Sie entlief vor seinen Augen. – Wie mir einige Brüder erzählten, die im Garten arbeiteten und von weitem sahen und hörten, so ist der Mohr nicht mehr zu retten; auch wenn Pamina von Sarastros Gefolge wieder eingebracht würde.

ERSTER UND ZWEITER SKLAVE. Wieso?

DRITTER SKLAVE. Du kennst ja den üppigen Wanst und seine Weise; das Mädchen aber war klüger als ich dachte. – In dem Augenblicke, da er zu siegen glaubte, rief sie Sarastros Namen: das erschütterte den Mohren; er blieb stumm und unbeweglich stehen – indes lief Pamina nach dem Kanal, und schiffte von selbst in einer Gondel dem Palmenwäldchen zu.

ERSTER SKLAVE. O wie wird das schüchterne Reh mit Todesangst dem Palaste ihrer zärtlichen Mutter zueilen.

Zehnter Auftritt

Vorige, Monostatos von innen.

MONOSTATOS. He, Sklaven!
ERSTER SKLAVE. Monostatos' Stimme!
MONOSTATOS. He, Sklaven! Schafft Fesseln herbei! –
DIE DREI SKLAVEN. Fesseln?
ERSTER SKLAVE *(lauft zur Seitentüre)*. Doch nicht für Pamina? O ihr Götter! da seht, Brüder, das Mädchen ist gefangen.
ZWEITER UND DRITTER SKLAVE. Pamina? – Schrecklicher Anblick!
ERSTER SKLAVE. Seht, wie der unbarmherzige Teufel sie bei ihren zarten Händchen fasst. – Das halt ich nicht aus. *(Geht auf die andere Seite ab.)*
ZWEITER SKLAVE. Ich noch weniger. – *(Auch dort ab.)*
DRITTER SKLAVE. So was sehen zu müssen, ist Höllenmarter. *(Ab.)*

Elfter Auftritt

Monostatos, Pamina, die von Sklaven hereingeführt wird.

Nr. 6 Terzett

MONOSTATOS. Du feines Täubchen, nur herein.
PAMINA. O welche Marter, welche Pein!
MONOSTATOS. Verloren ist dein Leben.

PAMINA. Der Tod macht mich nicht beben;
Nur meine Mutter dauert mich,
Sie stirbt vor Gram ganz sicherlich.
MONOSTATOS. He, Sklaven! legt ihr Fesseln an;
Mein Hass soll dich verderben!
(Sie legen ihr Fesseln an.)
PAMINA. O lasst mich lieber sterben,
Weil nichts, Barbar, dich rühren kann.
(Sinkt in Ohnmacht auf ein Sofa.)
MONOSTATOS. Nun fort! Lasst mich bei ihr allein.
(Die Sklaven gehen ab.)

Zwölfter Auftritt

Papageno, Vorige.

PAPAGENO *(am Fenster, von außen, ohne gleich gesehen zu werden).* Wo bin ich wohl! Wo mag ich sein?
Aha, da find ich Leute,
Gewagt; ich geh hinein.
(Geht hinein.)
Schön Mädchen, jung und rein,
Viel weißer noch als Kreide …
MONOSTATOS UND PAPAGENO *(sehen sich – erschrickt einer über den andern).* Hu – – – Das ist – der Teufel sicherlich.
Hab Mitleid – verschone mich –
Hu – Hu – Hu –
(Sie laufen beide ab.)

Dreizehnter Auftritt

Pamina allein.

PAMINA *(spricht wie im Traum).* Mutter – Mutter – Mutter! –
(Sie erholt sich, sieht sich um.)
Wie? – Noch schlägt dieses Herz? – Noch nicht vernichtet? – Zu neuen Qualen erwacht? – O das ist hart, sehr hart! – Mir bitterer als der Tod!

Vierzehnter Auftritt

Papageno, Pamina.

PAPAGENO. Bin ich nicht ein Narr, dass ich mich schrecken ließ? – Es gibt ja schwarze Vögel in der Welt, warum denn nicht auch schwarze Menschen? – Ah, sieh da! hier ist das schöne Fräulenbild noch. – Du Tochter der nächtlichen Königin!

PAMINA. Nächtliche Königin? – Wer bist du?

PAPAGENO. Ein Abgesandter der sternflammenden Königin.

PAMINA *(freudig).* Meiner Mutter? – O Wonne! – Dein Name!

PAPAGENO. Papageno.

PAMINA. Papageno? – Papageno – Ich erinnere mich den Namen oft gehört zu haben, dich selbst aber sah ich nie. –

PAPAGENO. Ich dich ebenso wenig.

PAMINA. Du kennst also meine gute, zärtliche Mutter?

PAPAGENO. Wenn du die Tochter der nächtlichen Königin bist – ja!

PAMINA. O ich bin es.

PAPAGENO. Das will ich gleich erkennen.

(Er sieht das Porträt an, welches der Prinz zuvor empfangen und Papageno nun an einem Bande am Halse trägt.)

Die Augen schwarz – richtig, schwarz. – Die Lippen rot – richtig, rot – blonde Haare – blonde Haare. – Alles trifft ein, bis auf Händ und Füße. Nach dem Gemälde zu schließen, sollst du weder Hände noch Füße haben; denn hier sind auch keine angezeigt.

PAMINA. Erlaube mir – Ja ich bin's. Wie kam es in deine Hände?

PAPAGENO. Dir das zu erzählen, wäre zu weitläufig; es kam von Hand zu Hand.

PAMINA. Wie kam es in die deinige?

PAPAGENO. Auf eine wunderbare Art. – Ich habe es gefangen.

PAMINA. Gefangen?

PAPAGENO. Ich muss dir das umständlicher erzählen. – Ich kam heute früh wie gewöhnlich zu deiner Mutter Palast mit meiner Lieferung. –

PAMINA. Lieferung?

PAPAGENO. Ja, ich liefere deiner Mutter und ihren Jungfrauen schon seit vielen Jahren alle die schönen Vögel in den Palast. – Eben als ich im Begriff war, meine Vögel abzugeben, sah ich einen Menschen vor mir, der sich Prinz nennen lässt. – Dieser Prinz hat deine Mutter so eingenommen, dass sie ihm dein Bildnis schenkte, und ihm befahl, dich zu befreien. – Sein Entschluss war so schnell, als seine Liebe zu dir.

PAMINA. Liebe? *(Freudig.)* Er liebt mich also? O sage mir das noch einmal, ich höre das Wort Liebe gar zu gerne.

PAPAGENO. Das glaube ich dir, ohne zu schwören; bist ja ein Fräulenbild. – Wo blieb ich denn?

PAMINA. Bei der Liebe.

PAPAGENO. Richtig, bei der Liebe! – Das nenn ich Gedächtnis haben – kurz also, diese große Liebe zu dir war der Peitschenstreich, um unsre Füße in schnellen Gang zu bringen; nun sind wir hier, dir tausend schöne und angenehme Sachen zu sagen; dich in unsre Arme zu nehmen und, wenn es möglich ist, ebenso schnell, wo nicht schneller als hierher, in den Palast deiner Mutter zu eilen.

PAMINA. Das ist alles sehr schön gesagt; aber lieber Freund! wenn der unbekannte Jüngling oder Prinz, wie er sich nennt, Liebe für mich fühlt, warum säumt er so lange, mich von meinen Fesseln zu befreien? –

PAPAGENO. Da steckt eben der Haken. – Wie wir von den Jungfrauen Abschied nehmen, so sagten sie uns, drei holde Knaben würden unsre Wegweiser sein, sie würden uns belehren, wie und auf was Art wir handeln sollen.

PAMINA. Sie lehrten euch?

PAPAGENO. Nichts lehrten sie uns, denn wir haben keinen gesehen. – Zu Sicherheit also war der Prinz so fein, mich voraus zu schicken, um dir unsre Ankunft anzukündigen.

PAMINA. Freund, du hast viel gewagt! Wenn Sarastro dich hier erblicken sollte. – –

PAPAGENO. So wird mir meine Rückreise erspart – das kann ich mir denken.

PAMINA. Dein martervoller Tod würde ohne Grenzen sein.

PAPAGENO. Um diesem auszuweichen, so gehen wir lieber bei Zeiten.

PAMINA. Wie hoch mag wohl die Sonne sein?

PAPAGENO. Bald gegen Mittag.

PAMINA. So haben wir keine Minute zu versäumen. – Um diese Zeit kommt Sarastro gewöhnlich von der Jagd zurück.

PAPAGENO. Sarastro ist also nicht zu Hause? – Pah! da haben wir gewonnenes Spiel! – Komm, schönes Fräulenbild! du wirst Augen machen, wenn du den schönen Jüngling erblickst.

PAMINA. Wohl denn! es sei gewagt!

(Sie gehen, Pamina kehrt um.)

Aber wenn dies ein Fallstrick wäre – wenn dieser nun ein böser Geist von Sarastros Gefolge wäre? –

(Sieht ihn bedenklich an.)

PAPAGENO. Ich ein böser Geist? – Wo denkt Ihr hin, Fräulenbild! – Ich bin der beste Geist von der Welt.

PAMINA. Doch nein; das Bild hier überzeugt mich, dass ich nicht getäuscht bin; es kommt von den Händen meiner zärtlichsten Mutter.

PAPAGENO. Schön's Fräulenbild, wenn dir wieder ein so böser Verdacht aufsteigen sollte, dass ich dich betrügen wollte, so denke nur fleißig an die Liebe, und jeder böse Argwohn wird schwinden.

PAMINA. Freund, vergib! vergib! wenn ich dich beleidigte. Du hast ein gefühlvolles Herz, das sehe ich in jedem deiner Züge.

PAPAGENO. Ach freilich habe ich ein gefühlvolles Herz – aber was nützt mir das alles? – Ich möchte mir oft alle meine Federn ausrupfen, wenn ich bedenke, dass Papageno noch keine Papagena hat.

PAMINA. Armer Mann! du hast also noch kein Weib?

PAPAGENO. Nicht einmal ein Mädchen, viel weniger ein Weib! – Ja das ist betrübt! – – Und unsereiner hat doch auch bisweilen seine lustigen Stunden, wo man gern gesellschaftliche Unterhaltung haben möcht. –

PAMINA. Geduld, Freund! der Himmel wird auch für dich sorgen; er wird dir eine Freundin schicken, ehe du dir's vermutest. – –

PAPAGENO. Wenn er's nur bald schickte.

Nr. 7 Duett

PAMINA. Bei Männern, welche Liebe fühlen,
Fehlt auch ein gutes Herze nicht.
PAPAGENO. Die süßen Triebe mitzufühlen,
Ist dann der Weiber erste Pflicht.
BEIDE. Wir wollen uns der Liebe freun,
Wir leben durch die Lieb allein.
PAMINA. Die Lieb versüßet jede Plage,
Ihr opfert jede Kreatur.
PAPAGENO. Sie würzet unsre Lebenstage,
Sie wirkt im Kreise der Natur.
BEIDE. Ihr hoher Zweck zeigt deutlich an:
Nichts Edlers sei, als Weib und Mann.
Mann und Weib und Weib und Mann
Reichen an die Gottheit an.
(Beide ab.)

Das Theater verwandelt sich in einen Hain. Ganz im Grunde der Bühne ist ein schöner Tempel, worauf diese

Worte stehen: »Tempel der Weisheit«; dieser Tempel führt mit Säulen zu zwei andern Tempeln; rechts auf dem einen steht: »Tempel der Vernunft«. Links steht: »Tempel der Natur«.

Fünfzehnter Auftritt

Drei Knaben führen den Tamino herein, jeder hat einen silbernen Palmzweig in der Hand.

Nr. 8 Finale

DIE DREI KNABEN. Zum Ziele führt dich diese Bahn,
Doch musst du, Jüngling! männlich siegen,
Drum höre unsre Lehre an:
Sei standhaft, duldsam, und verschwiegen! –
TAMINO. Ihr holden Kleinen, saget an,
Ob ich Paminen retten kann? –
DIE DREI KNABEN. Dies kund zu tun steht uns nicht an;
Sei standhaft, duldsam, und verschwiegen!
Bedenke dies, kurz, sei ein Mann.
Dann, Jüngling, wirst du männlich siegen.
(Gehen ab.)

Rezitativ

TAMINO. Die Weisheitslehre dieser Knaben
Sei ewig mir ins Herz gegraben.
Wo bin ich nun? – was wird mit mir?
Ist dies der Sitz der Götter hier? –
Doch zeigen die Pforten, es zeigen die Säulen,
Dass Klugheit und Arbeit und Künste hier weilen.

Wo Tätigkeit thronet und Müßiggang weicht,
Erhält seine Herrschaft das Laster nicht leicht.
Ich wage mich mutig zur Pforte hinein.
Die Absicht ist edel, und lauter, und rein.
Erzittre, feiger Bösewicht!
Paminen retten ist mir Pflicht.
(Geht an die Pforte rechts, macht sie auf, und als er hinein will, hört man von fern eine Stimme.)

EINE STIMME. Zurück!

TAMINO. Zurück? so wag ich hier mein Glück!
(Geht an die Pforte links.)

EINE STIMME *(von innen)*. Zurück!

TAMINO. Auch hier ruft man »zurück«?
(Sieht sich um.)
Da seh ich noch eine Tür!
Vielleicht find ich den Eingang hier!
(Er klopft, ein alter Priester erscheint.)

PRIESTER. Wo willst du, kühner Fremdling, hin?
Was suchst du hier im Heiligtum?

TAMINO. Der Lieb und Tugend Eigentum.

PRIESTER. Die Worte sind von hohem Sinn –
Allein wie willst du diese finden?
Dich leitet Lieb und Tugend nicht,
Weil Tod und Rache dich entzünden.

TAMINO. Nur Rache für den Bösewicht.

PRIESTER. Den wirst du wohl bei uns nicht finden.

TAMINO *(schnell)*. Sarastro herrscht in diesen Gründen?

PRIESTER. Ja, ja, Sarastro herrschet hier.

TAMINO. Doch in der Weisheit Tempel nicht? –

PRIESTER *(langsam)*. Er herrscht im Weisheitstempel hier! –

TAMINO *(will gehen)*. So ist denn alles
Heuchelei! –
PRIESTER. Willst du schon wieder gehn?
TAMINO. Ja, ich will gehen, froh und frei –
Nie euren Tempel sehn! –
PRIESTER. Erklär dich näher mir,
Dich täuschet ein Betrug! –
TAMINO. Sarastro wohnet hier,
Das ist mir schon genug! –
PRIESTER. Wenn du dein Leben liebst,
So rede, bleibe da!
Sarastro hassest du?
TAMINO. Ich hass ihn ewig, ja! –
PRIESTER. Nun gib mir deine Gründe an! –
TAMINO. Er ist ein Unmensch, ein Tyrann! –
PRIESTER. Ist das, was du gesagt, erwiesen?
TAMINO. Durch ein unglücklich Weib bewiesen,
Das Gram und Jammer niederdrückt!
PRIESTER. Ein Weib hat also dich berückt? –
Ein Weib tut wenig, plaudert viel.
Du, Jüngling, glaubst dem Zungenspiel?
O legte doch Sarastro dir
Die Absicht seiner Handlung für. –
TAMINO. Die Absicht ist nur allzu klar!
Riss nicht der Räuber ohn Erbarmen
Paminen aus der Mutter Armen? –
PRIESTER. Ja, Jüngling, was du sagst, ist wahr! –
TAMINO. Wo ist sie, die er uns geraubt?
Man opferte vielleicht sie schon? –
PRIESTER. Dir dies zu sagen, teurer Sohn,
Ist jetzund mir noch nicht erlaubt. –

TAMINO. Erklär dies Rätsel, täusch mich nicht!
PRIESTER. Die Zunge bindet Eid und Pflicht!
TAMINO. Wann also wird die Decke schwinden? –
PRIESTER. Sobald dich führt der Freundschaft Hand
Ins Heiligtum zum ewgen Band.
(Geht ab.)
TAMINO *(allein).*
O ewge Nacht! wann wirst du schwinden? –
Wann wird das Licht mein Auge finden? –
CHOR *(von innen).* Bald, Jüngling, oder nie!
TAMINO. Bald, sagt ihr, oder nie? –
Ihr Unsichtbaren, saget mir:
Lebt denn Pamina noch? –
CHOR *(von innen).* Pamina lebet noch! –
TAMINO *(freudig).* Sie lebt!
Ich danke euch dafür.
(Nimmt seine Flöte heraus.)
O wenn ich doch im Stande wäre,
Allmächtige, zu eurer Ehre,
Mit jedem Tone meinen Dank
Zu schildern, wie er hier *(aufs Herz deutend)*
entsprang!
(Er spielt. Es kommen Tiere von allen Arten hervor, ihm zuzuhören. Er hört auf, und sie fliehen. Die Vögel pfeifen dazu.)
Wie stark ist nicht dein Zauberton,
Weil, holde Flöte, durch dein Spielen
Selbst wilde Tiere Freude fühlen.
Doch nur Pamina bleibt davon.
(Spielt.)
Pamina! *(Spielt.)* Höre mich! *(Spielt.)*

Umsonst!
(Spielt.)
Wo? *(spielt)* ach, wo find ich dich?
(Spielt. Papageno antwortet von innen mit seinem Flötchen.)
Ha, das ist Papagenos Ton!
(Spielt. Papageno antwortet.)
Vielleicht sah er Paminen schon! –
Vielleicht eilt sie mit ihm zu mir! –
Vielleicht führt mich der Ton zu ihr!
(Ab.)

Sechzehnter Auftritt

Papageno, Pamina ohne Fesseln.

BEIDE. Schnelle Füße, rascher Mut,
Schützt vor Feindes List und Wut.
Fänden wir Tamino doch!
Sonst erwischen sie uns noch!
PAMINA. Holder Jüngling! –
PAPAGENO. Stille, stille, ich kann's besser! –
(Pfeift. Tamino antwortet von innen auf seiner Flöte.)
BEIDE. Welche Freude ist wohl größer,
Freund Tamino hört uns schon,
Hieher kam der Flötenton.
Welch ein Glück, wenn ich ihn finde.
Nur geschwinde, nur geschwinde!
(Wollen hineingehen.)

Siebzehnter Auftritt

Vorige, Monostatos.

MONOSTATOS *(ihrer spottend).*
Nur geschwinde, nur geschwinde …
Ha! – hab ich euch noch erwischt!
Nur herbei mit Stahl und Eisen;
Wart, man wird euch Mores weisen!
Den Monostatos berücken! –
Nur herbei mit Band und Stricken,
He, ihr Sklaven, kommt herbei! –
(Die Sklaven kommen mit Fesseln.)
PAMINA, PAPAGENO. Ach! nun ist's mit uns vorbei!
PAPAGENO. Wer viel wagt, gewinnt oft viel!
Komm du schönes Glockenspiel,
Lass die Glöckchen klingen, klingen,
Dass die Ohren ihnen singen.
(Schlägt auf seinem Instrument.)
MONOSTATOS UND SKLAVEN.
Das klinget so herrlich, das klinget so schön!
Larala, larala!
Nie hab ich so etwas gehört und gesehn!
Larala, larala!
(Gehen marschmäßig ab.)
PAMINA, PAPAGENO *(lachen).* Könnte jeder brave Mann
Solche Glöckchen finden,
Seine Feinde würden dann
Ohne Mühe schwinden.
Und er lebte ohne sie
In der besten Harmonie!

Nur der Freundschaft Harmonie
Mildert die Beschwerden,
Ohne diese Sympathie
Ist kein Glück auf Erden.
CHOR *(von innen)*. Es lebe Sarastro! Sarastro lebe! –
PAPAGENO. Was soll dies bedeuten? Ich zittre, ich bebe!
PAMINA. O Freund! nun ist's um uns getan!
Dies kündigt den Sarastro an!
PAPAGENO. O wär ich eine Maus,
Wie wollt ich mich verstecken –
Wär ich so klein wie Schnecken,
So kroch ich in mein Haus! –
Mein Kind, was werden wir nun sprechen? –
PAMINA. Die Wahrheit – die Wahrheit!
Sei sie auch Verbrechen! –

Achtzehnter Auftritt

Ein Zug von Gefolge; zuletzt fährt Sarastro auf einem Triumphwagen heraus, der von sechs Löwen gezogen wird; Vorige.

CHOR. Es lebe Sarastro, Sarastro soll leben!
Er ist es, dem wir uns mit Freuden ergeben!
Stets mög er des Lebens als Weiser sich freun. –
Er ist unser Abgott, dem alle sich weihn.
(Dieser Chor wird gesungen, bis Sarastro aus dem Wagen ist.)
PAMINA *(kniet)*. Herr, ich bin zwar Verbrecherin! –
Ich wollte deiner Macht entfliehn. –

Allein die Schuld ist nicht an mir!
Der böse Mohr verlangte Liebe,
Darum, o Herr, entfloh ich dir! –
SARASTRO. Steh auf, erheitre dich, o Liebe;
Denn ohne erst in dich zu dringen,
Weiß ich von deinem Herzen mehr,
Du liebest einen andern sehr.
Zur Liebe will ich dich nicht zwingen,
Doch geb ich dir die Freiheit nicht.
PAMINA. Mich rufet ja die Kindespflicht,
Denn meine Mutter –
SARASTRO. Steht in meiner Macht.
Du würdest um dein Glück gebracht,
Wenn ich dich ihren Händen ließe. –
PAMINA. Mir klingt der Mutter Namen süße;
Sie ist es –
SARASTRO. Und ein stolzes Weib. –
Ein Mann muss eure Herzen leiten,
Denn ohne ihn pflegt jedes Weib
Aus ihrem Wirkungskreis zu schreiten.

Neunzehnter Auftritt

Monostatos, Tamino, Vorige.

MONOSTATOS. Na, stolzer Jüngling; nur hierher!
Hier ist Sarastro unser Herr!
PAMINA. Er ist's.
TAMINO. Sie ist's.
PAMINA. Ich glaub es kaum!

TAMINO. Sie ist's.
PAMINA. Er ist's.
TAMINO. Es ist kein Traum!
PAMINA. Es schling mein Arm sich um ihn her!
TAMINO. Es schling mein Arm sich um sie her!
BEIDE. Und wenn es auch mein Ende wär!
CHOR. Was soll das heißen?
MONOSTATOS. Welch eine Dreistigkeit!
Gleich auseinander, das geht zu weit!
(Trennt sie, kniet.)
Dein Sklave liegt zu deinen Füßen,
Lass den verwegnen Frevler büßen.
Bedenk, wie frech der Knabe ist!
Durch dieses seltnen Vogels List
Wollt er Pamina dir entführen,
Allein, ich wusst ihn auszuspüren.
Du kennst mich! – Meine Wachsamkeit –
SARASTRO. Verdient, dass man ihr Lorbeer streut.
He! Gebt dem Ehrenmann sogleich –
MONOSTATOS. Schon deine Gnade macht mich reich!
SARASTRO. Nur siebenundsiebenzig Sohlenstreich.
MONOSTATOS. Ach, Herr, den Lohn verhofft ich nicht.
SARASTRO. Nicht Dank! Es ist ja meine Pflicht!
(Monostatos wird fortgeführt.)
CHOR. Es lebe Sarastro, der göttliche Weise,
Er lohnet und strafet in ähnlichem Kreise.

Rezitativ

SARASTRO. Führt diese beiden Fremdlinge
In unsern Prüfungstempel ein,

Bedecket ihre Häupter dann –
Sie müssen erst gereinigt sein.
(Zwei bringen eine Art Sack und bedecken die Häupter der beiden Fremden.)

CHOR. Wenn Tugend und Gerechtigkeit
Der Großen Pfad mit Ruhm bestreut –
Dann ist die Erd ein Himmelreich
Und Sterbliche den Göttern gleich.

Ende des ersten Aufzugs

Zweiter Aufzug

Erster Auftritt

Das Theater ist ein Palmwald; alle Bäume sind silberartig, die Blätter von Gold. Achtzehn Sitze von Blättern; auf einem jeden Sitze steht eine Pyramide, und ein großes schwarzes Horn mit Gold gefasst. In der Mitte die größte Pyramide, auch die größten Bäume.

Sarastro nebst anderen Priestern kommen in feierlichen Schritten, jeder mit einem Palmenzweige in der Hand.

Nr. 9 Marsch

SARASTRO *(nach einer Pause)*. Ihr, in dem Weisheitstempel eingeweihten Diener der großen Götter Osiris und Isis! – Mit reiner Seele erklär ich euch, dass unsre heutige Versammlung eine der wichtigsten unsrer Zeit ist. – Tamino, ein Königssohn, zwanzig Jahre seines Alters, wandelt an der nördlichen Pforte unsers Tempels, und seufzt mit tugendvollem Herzen nach einem Gegenstande, den wir alle mit Mühe und Fleiß erringen müssen. – Kurz, dieser Jüngling will seinen nächtlichen Schleier von sich reißen, und ins Heiligtum des größten Lichtes blicken. – Diesen Tugendhaften zu bewachen, ihm freundschaftlich die Hand zu bieten, sei heute eine unsrer wichtigsten Pflichten.

ERSTER PRIESTER *(steht auf)*. Er besitzt Tugend?

SARASTRO. Tugend!

ZWEITER PRIESTER. Auch Verschwiegenheit?

SARASTRO. Verschwiegenheit!

DRITTER PRIESTER. Ist wohltätig?

SARASTRO. Wohltätig! – haltet ihr ihn für würdig, so folgt meinem Beispiele.

(Sie blasen dreimal in die Hörner.)

Gerührt über die Einigkeit eurer Herzen, dankt Sarastro euch im Namen der Menschheit. – Mag immer das Vorurteil seinen Tadel über uns Eingeweihte auslassen! – Weisheit und Vernunft zerstückt es gleich dem Spinnengewebe. – Unsere Säulen erschüttern sie nie. Jedoch das böse Vorurteil soll schwinden; und es wird schwinden, sobald Tamino selbst die Größe unserer schweren Kunst besitzen wird. – Pamina, das sanfte, tugendhafte Mädchen, haben die Götter dem holden Jünglinge bestimmt; dies ist der Grundstein, warum ich sie der stolzen Mutter entriss. – Das Weib dünkt sich groß zu sein; hofft durch Blendwerk und Aberglauben das Volk zu berücken, und unsern festen Tempelbau zu zerstören. Allein, das soll sie nicht; Tamino, der holde Jüngling selbst, soll ihn mit uns befestigen und als Eingeweihter der Tugend Lohn, dem Laster aber Strafe sein.

(Der dreimalige Akkord in den Hörnern wird von allen wiederholt.)

SPRECHER *(steht auf)*. Großer Sarastro, deine weisheitsvollen Reden erkennen und bewundern wir; allein, wird Tamino auch die harten Prüfungen, so seiner warten, bekämpfen? – Verzeih, dass ich so frei bin, dir meinen Zweifel zu eröffnen! Mich bangt es um den Jüngling. Wenn nun, im Schmerz dahingesunken, sein Geist ihn verließe und er dem harten Kampf unterläge. – Er ist Prinz! –

SARASTRO. Noch mehr – er ist Mensch!

SPRECHER. Wenn er nun aber in seiner frühen Jugend leblos erblasste?

SARASTRO. Dann ist er Osiris und Isis gegeben, und wird der Götter Freuden früher fühlen als wir.
(Der dreimalige Akkord wird wiederholt.)
Man führe Tamino mit seinem Reisegefährten in den Vorhof des Tempels ein.
(Zum Sprecher, der vor ihm niederkniet.)
Und du, Freund! den die Götter durch uns zum Verteidiger der Wahrheit bestimmten – vollziehe dein heiliges Amt, und lehre durch deine Weisheit beide, was Pflicht der Menschheit sei, lehre sie die Macht der Götter erkennen.
(Sprecher geht mit einem Priester ab, alle Priester stellen sich mit ihren Palmenzweigen zusammen.)

Nr. 10 Arie mit Chor

SARASTRO. O Isis und Osiris, schenket
Der Weisheit Geist dem neuen Paar!
Die ihr der Wandrer Schritte lenket,
Stärkt mit Geduld sie in Gefahr.

CHOR. Stärkt mit Geduld sie in Gefahr.

SARASTRO. Lasst sie der Prüfung Früchte sehen.
Doch sollten sie zu Grabe gehen,
So lohnt der Tugend kühnen Lauf,
Nehmt sie in euren Wohnsitz auf.

CHOR. Nehmt sie in euren Wohnsitz auf!
(Sarastro geht voraus, dann alle ihm nach ab.)

Nacht, der Donner rollt von weitem. Das Theater verwandelt sich in einen kurzen Vorhof des Tempels, wo man Rudera[2] *von eingefallenen Säulen und Pyramiden sieht, nebst einigen Dornbüschen. An beiden Seiten stehen praktikable hohe altägyptische Türen, welche mehr Seitengebäude vorstellen.*

Zweiter Auftritt

Tamino und Papageno werden vom Sprecher und dem andern Priester hereingeführt; sie lösen ihnen die Säcke ab; die Priester gehen dann ab.

TAMINO. Eine schreckliche Nacht! – Papageno, bist du noch bei mir?

PAPAGENO. I, freilich!

TAMINO. Wo denkst du, dass wir uns nun befinden?

PAPAGENO. Wo? Ja, wenn's nicht finster wäre, wollt' ich dir's schon sagen – aber so –
(Donnerschlag.)
O weh! –

TAMINO. Was ist's?

PAPAGENO. Mir wird nicht wohl bei der Sache!

TAMINO. Du hast Furcht, wie ich höre.

PAPAGENO. Furcht eben nicht, nur eiskalt läuft's mir über den Rücken.
(Starker Donnerschlag.)
O weh!

TAMINO. Was soll's?

2 Trümmer.

PAPAGENO. Ich glaube, ich bekomme ein kleines Fieber.
TAMINO. Pfui, Papageno! Sei ein Mann!
PAPAGENO. Ich wollt', ich wär ein Mädchen!
(Ein sehr starker Donnerschlag.)
O! O! O! Das ist mein letzter Augenblick.

Dritter Auftritt

Sprecher und der andere Priester mit Fackeln, Vorige.

SPRECHER. Ihr Fremdlinge, was sucht oder fordert ihr von uns? Was treibt euch an, in unsre Mauern zu dringen?
TAMINO. Freundschaft und Liebe.
SPRECHER. Bist du bereit, es mit deinem Leben zu erkämpfen?
TAMINO. Ja!
SPRECHER. Auch wenn Tod dein Los wäre?
TAMINO. Ja!
SPRECHER. Prinz! Noch ist's Zeit zu weichen – einen Schritt weiter, und es ist zu spät. –
TAMINO. Weisheitslehre sei mein Sieg; Pamina, das holde Mädchen, mein Lohn.
SPRECHER. Du unterziehst jeder Prüfung dich?
TAMINO. Jeder!
SPRECHER. Reiche deine Hand mir! –
(Sie reichen sich die Hände.)
So!
ZWEITER PRIESTER. Ehe du weitersprichst, erlaube mir ein paar Worte mit diesem Fremdlinge zu sprechen. Willst auch du dir Weisheitsliebe erkämpfen?

PAPAGENO. Kämpfen ist meine Sache nicht. – Ich verlang auch im Grunde gar keine Weisheit. Ich bin so ein Naturmensch, der sich mit Schlaf, Speise und Trank begnügt; – und wenn es ja sein könnte, dass ich mir einmal ein schönes Weibchen fange.

ZWEITER PRIESTER. Die wirst du nie erhalten, wenn du dich nicht unsern Prüfungen unterziehst.

PAPAGENO. Worin besteht diese Prüfung? –

ZWEITER PRIESTER. Dich allen unsern Gesetzen unterwerfen, selbst den Tod nicht scheuen.

PAPAGENO. Ich bleibe ledig!

SPRECHER. Aber wenn du dir ein tugendhaftes, schönes Mädchen erwerben könntest?

PAPAGENO. Ich bleibe ledig!

ZWEITER PRIESTER. Wenn nun aber Sarastro dir ein Mädchen aufbewahrt hätte, das an Farbe und Kleidung dir ganz gleich wäre? –

PAPAGENO. Mir gleich! Ist sie jung?

ZWEITER PRIESTER. Jung und schön!

PAPAGENO. Und heißt?

ZWEITER PRIESTER. Papagena.

PAPAGENO. Wie? – Pa –?

ZWEITER PRIESTER. Papagena!

PAPAGENO. Papagena? Die möcht ich aus bloßer Neugierde sehen.

ZWEITER PRIESTER. Sehen kannst du sie! – –

PAPAGENO. Aber wenn ich sie gesehen habe, hernach muss ich sterben?

(Zweiter Priester macht eine zweideutige Pantomime.)

Ja? – Ich bleibe ledig!

ZWEITER PRIESTER. Sehen kannst du sie, aber bis zur verlaufenen Zeit kein Wort mit ihr sprechen; wird dein Geist so viel Standhaftigkeit besitzen, deine Zunge in Schranken zu halten?

PAPAGENO. O ja!

ZWEITER PRIESTER. Deine Hand! Du sollst sie sehen.

SPRECHER. Auch dir, Prinz, legen die Götter ein heilsames Stillschweigen auf; ohne dieses seid ihr beide verloren. – Du wirst Pamina sehen – aber nie sie sprechen dürfen; dies ist der Anfang eurer Prüfungszeit.

Nr. 11 Duett

ZWEITER PRIESTER, SPRECHER.
Bewahret euch vor Weibertücken,
Dies ist des Bundes erste Pflicht;
Manch weiser Mann ließ sich berücken,
Er fehlte und versah sich's nicht.
Verlassen sah er sich am Ende,
Vergolten seine Treu mit Hohn! –
Vergebens rang er seine Hände,
Tod und Verzweiflung war sein Lohn.
(Beide Priester ab.)

Vierter Auftritt

Tamino, Papageno.

PAPAGENO. He, Lichter her! Lichter her! – Das ist doch wunderlich, so oft einen die Herren verlassen, so sieht man mit offenen Augen nichts.

TAMINO. Ertrag es mit Geduld, und denke, es ist der Götter Wille.

Fünfter Auftritt

Die drei Damen aus der Versenkung, Vorige.

Nr. 12 Quintett

DIE DREI DAMEN. Wie? Wie? Wie?
Ihr an diesem Schreckensort?
Nie! nie! nie!
Kommt ihr glücklich wieder fort!
Tamino! dir ist Tod geschworen!
Du, Papageno! bist verloren!
PAPAGENO. Nein, nein, nein, das wär zuviel.
TAMINO. Papageno, schweige still!
Willst du dein Gelübde brechen,
Nichts mit Weibern hier zu sprechen?
PAPAGENO. Du hörst ja, wir sind beide hin!
TAMINO. Stille, sag ich – schweige still!
PAPAGENO. Immer still und immer still!
DIE DREI DAMEN. Ganz nah ist euch die Königin,
Sie drang in Tempel heimlich ein! –
PAPAGENO. Wie? was? sie soll im Tempel sein?
TAMINO. Stille, sag ich – schweige still! –
Wirst du immer so vermessen
Deiner Eidespflicht vergessen? –
DIE DREI DAMEN. Tamino, hör! du bist verloren!
Gedenke an die Königin!
Man zischelt viel sich in die Ohren
Von dieser Priester falschem Sinn!
TAMINO *(für sich)*. Ein Weiser prüft und achtet nicht,
Was der gemeine Pöbel spricht.

DIE DREI DAMEN. Man sagt, wer ihrem Bunde schwört,
Der fährt zur Höll mit Haut und Haar.
PAPAGENO. Das wär der Teufel! Unerhört!
Sag an, Tamino, ist das wahr?
TAMINO. Geschwätz, von Weibern nachgesagt,
Von Heuchlern aber ausgedacht.
PAPAGENO. Doch sagt es auch die Königin!
TAMINO. Sie ist ein Weib, hat Weibersinn!
Sei still, mein Wort sei dir genug,
Denk deiner Pflicht, und handle klug.
DIE DREI DAMEN *(zu Tamino).*
Warum bist du mit uns so spröde?
(Tamino deutet bescheiden, dass er nicht sprechen darf.)
Auch Papageno schweigt – so rede! –
PAPAGENO *(zu den Damen heimlich).*
Ich möchte gerne – woll ...
TAMINO. Still!
PAPAGENO. Ihr seht, dass ich nicht soll! – –
TAMINO. Still!
Dass du nicht kannst das Plaudern lassen,
Ist wahrlich eine Schand für dich!
PAPAGENO. Dass ich nicht kann das Plaudern lassen,
Ist wahrlich eine Schand für mich!
DIE DREI DAMEN. Wir müssen sie mit Scham verlassen,
Es plaudert keiner sicherlich!
Von festem Geiste ist ein Mann,
Er denket, was er sprechen kann!
TAMINO, PAPAGENO. Sie müssen uns mit Scham verlassen,
Es plaudert keiner sicherlich!

Vom festen Geiste ist ein Mann,
Er denket, was er sprechen kann!
(Die Damen wollen gehen; die Eingeweihten von innen.)

CHOR DER PRIESTER. Entweiht ist die heilige Schwelle!
Hinab mit den Weibern zur Hölle!
(Donner, Blitz und Schlag; zugleich zwei starke Donner.)

DIE DREI DAMEN. O weh! O weh! O weh!
(Stürzen in die Versenkung.)

PAPAGENO *(fällt zu Boden)*. O weh! O weh! O weh!
(Dann fängt der dreimalige Akkord an.)

Sechster Auftritt

Tamino, Papageno, Sprecher, zweiter Priester mit Fackeln.

SPRECHER. Heil dir, Jüngling! dein standhaft männliches Betragen hat gesiegt. Zwar hast du noch manch rauen und gefährlichen Weg zu wandern, den du aber durch Hilfe der Götter glücklich endigen wirst. – Wir wollen also mit reinem Herzen unsere Wanderschaft weiter fortsetzen. – *(Er gibt ihm den Sack um.)*
So! nun komm!
(Ab.)

ZWEITER PRIESTER. Was seh ich! Freund, stehe auf! wie ist dir?

PAPAGENO. Ich lieg in einer Ohnmacht!

ZWEITER PRIESTER. Auf! Sammle dich und sei ein Mann!

PAPAGENO *(steht auf)*. Aber sagt mir nur, meine lieben Herren, warum muss ich denn alle diese Qualen und Schrecken empfinden? Wenn mir ja die Götter eine

Papagena bestimmten, warum denn mit so viel Gefahren sie erringen?

ZWEITER PRIESTER. Diese neugierige Frage mag deine Vernunft dir beantworten. Komm! meine Pflicht heischt, dich weiterzuführen.

(Er gibt ihm den Sack um.)

PAPAGENO. Bei so einer ewigen Wanderschaft möcht einem wohl die Liebe auf immer vergehen. *(Ab.)*

Siebenter Auftritt

Das Theater verwandelt sich in einen angenehmen Garten; Bäume, die nach Art eines Hufeisens gesetzt sind; in der Mitte steht eine Laube von Blumen und Rosen, worin Pamina schläft. Der Mond beleuchtet ihr Gesicht. Ganz vorn steht eine Rasenbank.

Monostatos kommt, setzt sich nach einer Pause.

MONOSTATOS. Ha, da find ich ja die spröde Schöne! – – Und um so einer geringen Pflanze wegen wollte man meine Fußsohlen behämmern? – Also bloß dem heutigen Tage hab ich's zu verdanken, dass ich noch mit heiler Haut auf die Erde trete. – – Hm! – Was war denn eigentlich mein Verbrechen? – dass ich mich in eine Blume vergaffte, die auf fremden Boden versetzt war? – Und welcher Mensch, wenn er auch von gelinderm Himmelsstrich daherwanderte, würde bei so einem Anblick kalt und unempfindlich bleiben? – Bei allen Sternen! das Mädchen wird noch um meinen Verstand mich brin-

gen. – Das Feuer, das in mir glimmt, wird mich noch verzehren.
(Er sieht sich allenthalben um.)
Wenn ich wüsste – dass ich so ganz allein und unbelauscht wäre – ich wagte es noch einmal.
(Er macht sich Wind mit beiden Händen.)
Es ist doch eine verdammte närrische Sache um die Liebe! – Ein Küsschen, dächte ich, ließe sich entschuldigen. –

Nr. 13 Arie

(Alles wird so piano gesungen und gespielt, als wenn die Musik in weiter Entfernung wäre.)

MONOSTATOS. Alles fühlt der Liebe Freuden,
Schnäbelt, tändelt, herzet, küsst –
Und ich soll die Liebe meiden,
Weil ein Schwarzer hässlich ist!
Ist mir denn kein Herz gegeben,
Bin ich nicht von Fleisch und Blut?
Immer ohne Weibchen leben
Wäre wahrlich Höllenglut.

Drum so will ich, weil ich lebe,
Schnäbeln, küssen, zärtlich sein!
Lieber guter Mond, vergebe,
Eine Weiße nahm mich ein!
Weiß ist schön – ich muss sie küssen.
Mond! verstecke dich dazu!
Sollt es dich zu sehr verdrießen,
O so mach die Augen zu!
(Er schleicht langsam und leise hin.)

Achter Auftritt

Vorige. Die Königin kommt unter Donner aus der mittleren Versenkung, und so, dass sie gerade vor Pamina zu stehen kommt.

KÖNIGIN. Zurücke!

PAMINA *(erwacht).* Ihr Götter!

MONOSTATOS *(prallt zurück).* O weh! – das ist – wo ich nicht irre, die Königin der Nacht.
(Steht ganz still.)

PAMINA. Mutter! Mutter! meine Mutter!
(Sie fällt ihr in die Arme.)

MONOSTATOS. Mutter? hm! das muss man von weitem belauschen.
(Schleicht ab.)

KÖNIGIN. Verdank es der Gewalt, mit der man dich mir entriss, dass ich noch deine Mutter mich nenne. – Wo ist der Jüngling, den ich an dich sandte?

PAMINA. Ach Mutter, der ist der Welt und den Menschen auf ewig entzogen. Er hat sich den Eingeweihten gewidmet.

KÖNIGIN. Den Eingeweihten? – Unglückliche Tochter, nun bist du auf ewig mir entrissen. –

PAMINA. Entrissen? – O fliehen wir, liebe Mutter! Unter deinem Schutz trotz ich jeder Gefahr.

KÖNIGIN. Schutz? Liebes Kind, deine Mutter kann dich nicht mehr schützen. Mit deines Vaters Tod ging meine Macht zu Grabe.

PAMINA. Mein Vater –

KÖNIGIN. Übergab freiwillig den siebenfachen Sonnenkreis den Eingeweihten; diesen mächtigen Sonnenkreis trägt Sarastro auf seiner Brust. – Als ich ihn darüber beredete, so sprach er mit gefalteter Stirne: »Weib! meine letzte Stunde ist da – alle Schätze, so ich allein besaß, sind dein und deiner Tochter.« – »Der alles verzehrende Sonnenkreis«, fiel ich ihm hastig in die Rede – »ist den Geweihten bestimmt«, antwortete er: »– Sarastro wird ihn so männlich verwalten, wie ich bisher. – Und nun kein Wort weiter; forsche nicht nach Wesen, die dem weiblichen Geiste unbegreiflich sind. – Deine Pflicht ist, dich und deine Tochter der Führung weiser Männer zu überlassen.«

PAMINA. Liebe Mutter, nach allem dem zu schließen, ist wohl auch der Jüngling auf immer für mich verloren.

KÖNIGIN. Verloren, wenn du nicht, eh die Sonne die Erde färbt, ihn durch diese unterirdische Gewölber zu fliehen beredest. – Der erste Schimmer des Tages entscheidet, ob er ganz dir oder den Eingeweihten gegeben sei.

PAMINA. Liebe Mutter, dürft ich den Jüngling als Eingeweihten denn nicht auch ebenso zärtlich lieben, wie ich ihn jetzt liebe? – Mein Vater selbst war ja mit diesen weisen Männern verbunden; er sprach jederzeit mit Entzücken von ihnen, preiste ihre Güte – ihren Verstand – ihre Tugend. Sarastro ist nicht weniger tugendhaft. – –

KÖNIGIN. Was hör ich! – Du, meine Tochter, könntest die schändlichen Gründe dieser Barbaren verteidigen? – So einen Mann lieben, der, mit meinem Todfeinde verbunden, mit jedem Augenblick mir meinen Sturz bereiten würde? – Siehst du hier diesen Stahl? – Er ist für Sarastro geschliffen. – Du wirst ihn töten, und den mächtigen Sonnenkreis mir überliefern.

PAMINA. Aber liebste Mutter! –
KÖNIGIN. Kein Wort!

Nr. 14 Arie

KÖNIGIN DER NACHT.
Der Hölle Rache kocht in meinem Herzen,
Tod und Verzweiflung flammet um mich her!
Fühlt nicht durch dich Sarastro Todesschmerzen,
So bist du meine Tochter nimmermehr:
Verstoßen sei auf ewig, verlassen sei auf ewig,
Zertrümmert sei'n auf ewig alle Bande der Natur,
Wenn nicht durch dich Sarastro wird erblassen! –
Hört, Rachegötter – – hört! der Mutter Schwur! –
(Sie versinkt.)

Neunter Auftritt

Pamina mit dem Dolch in der Hand.

PAMINA. Morden soll ich? – Götter! das kann ich nicht! –
Das kann ich nicht!
(Steht in Gedanken.)

Zehnter Auftritt

Vorige, Monostatos.

MONOSTATOS *(kommt schnell, heimlich und sehr freudig).* Sarastros Sonnenkreis hat also auch seine Wirkung? –

Und diesen zu erhalten, soll das schöne Mädchen ihn morden? – Das ist Salz in meine Suppe!

PAMINA. Aber schwur sie nicht bei allen Göttern, mich zu verstoßen, wenn ich den Dolch nicht gegen Sarastro kehre? – Götter! – Was soll ich tun?

MONOSTATOS. Dich mir anvertrauen!

(Nimmt ihr den Dolch.)

PAMINA *(erschrickt und schreit)*. Ha!

MONOSTATOS. Warum zitterst du? Vor meiner schwarzen Farbe, oder vor dem ausgedachten Mord?

PAMINA *(schüchtern)*. Du weißt also? –

MONOSTATOS. Alles. – Ich weiß sogar, dass nicht nur dein, sondern auch deiner Mutter Leben in meiner Hand steht. – Ein einziges Wort sprech ich zu Sarastro, und deine Mutter wird in diesem Gewölbe, in eben dem Wasser, das die Eingeweihten reinigen soll, wie man sagt, ersäuft. – Aus diesem Gewölbe kommt sie nun sicher nicht mehr mit heiler Haut, wenn ich es will. – Du hast also nur einen Weg, dich und deine Mutter zu retten.

PAMINA. Der wäre?

MONOSTATOS. Mich zu lieben.

PAMINA *(zitternd für sich)*. Götter!

MONOSTATOS *(freudig)*. Das junge Bäumchen jagt der Sturm auf meine Seite. – Nun, Mädchen! – Ja, oder nein!

PAMINA *(entschlossen)*. Nein.

MONOSTATOS *(voll Zorn)*. Nein? Und warum? weil ich die Farbe eines schwarzen Gespensts trage? – Nicht? – Ha, so stirb!

(Ergreift sie bei der Hand.)

PAMINA. Monostatos, sieh mich hier auf meinen Knien – schone meiner!

MONOSTATOS. Liebe oder Tod! – Sprich! dein Leben steht auf der Spitze.
PAMINA. Mein Herz hab ich dem Jüngling geopfert.
MONOSTATOS. Was kümmert mich dein Opfer. – Sprich! –
PAMINA *(entschlossen)*. Nie!

Elfter Auftritt

Vorige, Sarastro.

MONOSTATOS. So fahr denn hin!
(Sarastro hält ihn schnell ab.)
Herr, mein Unternehmen ist nicht strafbar; man hat deinen Tod geschworen, darum wollt ich dich rächen.
SARASTRO. Ich weiß nur allzu viel. – Weiß, dass deine Seele ebenso schwarz als dein Gesicht ist. – – Auch würde ich dies schwarze Unternehmen mit höchster Strenge an dir bestrafen, wenn nicht ein böses Weib, das zwar eine sehr gute Tochter hat, den Dolch dazu geschmiedet hätte. – Verdank es der bösen Handlung des Weibes, dass du ungestraft davonziehst. – Geh! –
MONOSTATOS *(im Abgehen)*. Jetzt such ich die Mutter auf, weil die Tochter mir nicht beschieden ist.
(Ab.)

Zwölfter Auftritt

Vorige, ohne Monostatos.

PAMINA. Herr, strafe meine Mutter nicht! Der Schmerz über meine Abwesenheit –

SARASTRO. Ich weiß alles. – Weiß, dass sie in unterirdischen Gemächern des Tempels herumirrt, und Rache über mich und die Menschheit kocht; – allein, du sollst sehen, wie ich mich an deiner Mutter räche. – Der Himmel schenke nur dem holden Jüngling Mut und Standhaftigkeit in seinem frommen Vorsatz, dann bist du mit ihm glücklich, und deine Mutter soll beschämt nach ihrer Burg zurückekehren.

Nr. 15 Arie

SARASTRO. In diesen heilgen Hallen
Kennt man die Rache nicht!
Und ist ein Mensch gefallen,
Führt Liebe ihn zur Pflicht.
Dann wandelt er an Freundes Hand
Vergnügt und froh ins bessre Land.

In diesen heilgen Mauern,
Wo Mensch den Menschen liebt –
Kann kein Verräter lauern,
Weil man dem Feind vergibt.
Wen solche Lehren nicht erfreun,
Verdienet nicht, ein Mensch zu sein.
(Beide gehen ab.)

Dreizehnter Auftritt

Das Theater verwandelt sich in eine Halle, wo das Flugwerk gehen kann. Das Flugwerk ist mit Rosen und Blumen umgeben, wo sich sodann eine Tür öffnet.

Tamino und Papageno werden ohne Säcke von den zwei Priestern hereingeführt. Ganz vorne sind zwei Rasenbänke.

SPRECHER. Hier seid ihr euch beide allein überlassen. – Sobald die röchelnde Posaune tönt, dann nehmt ihr euren Weg dahin. – Prinz, lebt wohl! Wir sehen uns, eh ihr ganz am Ziele seid. – – Noch einmal, vergesst das Wort nicht: Schweigen.
(Ab.)

ZWEITER PRIESTER. Papageno, wer an diesem Ort sein Stillschweigen bricht, den strafen die Götter durch Donner und Blitz. Leb wohl!
(Ab.)

Vierzehnter Auftritt

Tamino, Papageno.
(Tamino setzt sich auf eine Rasenbank.)

PAPAGENO *(nach einer Pause).* Tamino!

TAMINO *(verweisend).* St!

PAPAGENO. Das ist ein lustiges Leben! – Wär ich lieber in meiner Strohhütte, oder im Walde, so hört' ich doch manchmal einen Vogel pfeifen.

TAMINO *(verweisend)*. St!

PAPAGENO. Mit mir selbst werd ich wohl sprechen dürfen; und auch wir zwei können zusammen sprechen, wir sind ja Männer.

TAMINO *(verweisend)*. St!

PAPAGENO *(singt)*. Lalala – lalala! – Nicht einmal einen Tropfen Wasser bekommt man bei diesen Leuten, viel weniger sonst was. –

Fünfzehnter Auftritt

Vorige. Ein altes hässliches Weib kommt aus der Versenkung, hält auf einer Tasse[3] *einen großen Becher mit Wasser.*

PAPAGENO *(sieht sie lang an)*. Ist das für mich?

WEIB. Ja, mein Engel!

PAPAGENO *(sieht sie wieder an, trinkt)*. Nicht mehr und nicht weniger als Wasser. – Sag du mir, du unbekannte Schöne, werden alle fremde Gäste auf diese Art bewirtet?

WEIB. Freilich, mein Engel!

PAPAGENO. So, so! – Auf die Art werden die Fremden auch nicht gar zu häufig kommen. – –

WEIB. Sehr wenig.

PAPAGENO. Kann mir's denken. – Geh, Alte, setze dich her zu mir, mir ist die Zeit verdammt lange. – Sag du mir, wie alt bist du denn?

3 Schale, Tablett.

WEIB. Wie alt?

PAPAGENO. Ja!

WEIB. Achtzehn Jahr und zwei Minuten.

PAPAGENO. Achtzehn Jahr und zwei Minuten?

WEIB. Ja!

PAPAGENO. Ha ha ha! Ei du junger Engel! Hast du auch einen Geliebten?

WEIB. I' freilich!

PAPAGENO. Ist er auch so jung wie du?

WEIB. Nicht gar, er ist um zehn Jahre älter. –

PAPAGENO. Um zehn Jahr ist er älter als du? – Das muss eine Liebe sein! – – Wie nennt sich denn dein Liebhaber?

WEIB. Papageno!

PAPAGENO *(erschrickt, Pause)*. Papageno? – Wo ist er denn, dieser Papageno?

WEIB. Da sitzt er, mein Engel!

PAPAGENO. Ich wär dein Geliebter?

WEIB. Ja, mein Engel!

PAPAGENO *(nimmt schnell das Wasser, und spritzt sie ins Gesicht)*. Sag du mir, wie heißt du denn?

WEIB. Ich heiße –

(Starker Donner, die Alte hinkt schnell ab.)

PAPAGENO. O weh!

(Tamino steht auf, droht ihm mit dem Finger.)

PAPAGENO. Nun sprech ich kein Wort mehr!

Sechzehnter Auftritt

Die drei Knaben kommen in einem mit Rosen bedeckten Flugwerk. In der Mitte steht ein schön gedeckter Tisch. Der eine hat die Flöte, der andere das Kästchen mit Glöckchen. Vorige.

Nr. 16 Terzett

DIE DREI KNABEN. Seid uns zum zweiten Mal willkommen,
Ihr Männer, in Sarastros Reich! –
Er schickt, was man euch abgenommen,
Die Flöte und die Glöckchen euch.
Wollt ihr die Speisen nicht verschmähen,
So esset, trinket froh davon! –
Wenn wir zum dritten Mal uns sehen,
Ist Freude eures Mutes Lohn!
Tamino, Mut! Nah ist das Ziel!
Du, Papageno! schweige still!
(Unter dem Terzett setzen sie den Tisch in die Mitte und legen auf.)

Siebzehnter Auftritt

Tamino, Papageno.

PAPAGENO. Tamino, wollen wir nicht speisen? – –
(Tamino bläst auf seiner Flöte.)
Blase du nur fort auf deiner Flöte, ich will meine Brocken blasen. – Herr Sarastro führt eine gute Küche. – Auf diese

Art, ja, da will ich schon schweigen, wenn ich immer solche gute Bissen bekomme. Nun will ich sehen, ob auch der Keller so gut bestellt ist. –
(Er trinkt.)
Ha! – Das ist Götterwein! –
(Die Flöte schweigt.)

Achtzehnter Auftritt

Pamina, Vorige.

PAMINA *(freudig)*. Du hier? – Gütige Götter! Dank euch, dass ihr mich diesen Weg führtet. – Ich hörte deine Flöte – und so lief ich pfeilschnell dem Tone nach. – Aber du bist traurig? – Sprichst nicht eine Silbe mit deiner Pamina?

TAMINO *(seufzt)*. Ah!
(Winkt ihr, fortzugehen.)

PAMINA. Wie? ich soll dich meiden? liebst du mich nicht mehr?

TAMINO *(seufzt)*. Ah!
(Winkt wieder fort.)

PAMINA. Ich soll fliehen, ohne zu wissen, warum? Tamino, holder Jüngling! hab ich dich beleidigt? – O kränke mein Herz nicht noch mehr. – Bei dir such ich Trost – Hilfe – und du kannst mein liebevolles Herz noch mehr kränken? – Liebst du mich nicht mehr?
(Tamino seufzt.)
Papageno, sage du mir, sag, was ist mit meinem Freund?
(Papageno hat einen Brocken in dem Mund, hält mit beiden Händen die Speisen zu, winkt fortzugehen.)

Wie? auch du? Erkläre mir wenigstens die Ursache eures Stillschweigens? – –

PAPAGENO. St!

(Er deutet ihr fortzugehen.)

PAMINA. Oh, das ist mehr als Kränkung – mehr als Tod!

(Pause.)

Liebster, einziger Tamino! –

Nr. 17 Arie

PAMINA. Ach, ich fühl's, es ist verschwunden!
Ewig hin der Liebe Glück! –
Nimmer kommt ihr Wonnestunden
Meinem Herzen mehr zurück!
Sieh, Tamino! diese Tränen
Fließen, Trauter, dir allein,
Fühlst du nicht der Liebe Sehnen –
So wird Ruh im Tode sein!
(Ab.)

Neunzehnter Auftritt

Tamino, Papageno.

Papageno *(isst hastig)*. Nicht wahr, Tamino, ich kann auch schweigen, wenn's sein muss. – Ja, bei so einem Unternehmen, da bin ich Mann. – *(Er trinkt.)* Der Herr Koch und der Herr Kellermeister sollen leben. –

(Dreimaliger Posaunenton. Tamino winkt Papageno, dass er gehen soll.)

Gehe du nur voraus, ich komm schon nach.

(Tamino will ihn mit Gewalt fortführen.)
Der Stärkere bleibt da!
(Tamino droht ihm und geht rechts ab; ist aber links gekommen.)
Jetzt will ich mir's erst recht wohl sein lassen. – Da ich in meinem besten Appetit bin, soll ich gehen. – Das lass ich wohl bleiben! Ich ging' jetzt nicht fort, und wenn Herr Sarastro seine sechs Löwen an mich spannte.
(Die Löwen kommen heraus, er erschrickt.)
O Barmherzigkeit, ihr gütigen Götter! Tamino, rette mich! Die Herren Löwen machen eine Mahlzeit aus mir. – –
(Tamino bläst seine Flöte, kommt schnell zurück; die Löwen gehen hinein, Tamino winkt ihm.)
Ich gehe schon! heiß du mich einen Schelmen, wenn ich dir nicht in allem folge.
(Dreimaliger Posaunenton.)
Das geht uns an. – Wir kommen schon. – Aber hör einmal, Tamino, was wird denn noch alles mit uns werden?
(Tamino deutet gen Himmel.)
Die Götter soll ich fragen?
(Tamino deutet ja.)
Ja, die könnten uns freilich mehr sagen, als wir wissen.
(Dreimaliger Posaunenton. Tamino reißt ihn mit Gewalt fort.)
Eile nur nicht so, wir kommen noch immer zeitlich genug, um uns braten zu lassen.
(Ab.)

Zwanzigster Auftritt

Das Theater verwandelt sich in das Gewölbe von Pyramiden.

Sarastro, Sprecher und einige Priester.

Zwei Priester tragen eine beleuchtete Pyramide auf den Schultern; jeder Priester hat eine transparente Pyramide, in der Größe einer Laterne, in der Hand.

Nr. 18 Chor der Priester

CHOR. O Isis, und Osiris, welche Wonne!
Die düstre Nacht verscheucht der Glanz der Sonne! –
Bald fühlt der edle Jüngling neues Leben,
Bald ist er unserm Dienste ganz gegeben.
Sein Geist ist kühn, sein Herz ist rein –
Bald wird er unsrer würdig sein.

Einundzwanzigster Auftritt

Tamino, der hereingeführt wird, Vorige, später Pamina.

SARASTRO. Prinz, dein Betragen war bis hieher männlich und gelassen; nun hast du noch zwei gefährliche Wege zu wandern. – Schlägt dein Herz noch ebenso warm für Pamina – und wünschest du einst als ein weiser Fürst zu regieren, so mögen die Götter dich ferner begleiten. – – Deine Hand! – Man bringe Paminen!
(Eine Stille herrscht bei allen Priestern, Pamina wird mit

eben diesem Sack, welcher die Eingeweihten bedeckt, hereingeführt, Sarastro löst die Bande am Sacke auf.)

PAMINA. Wo bin ich? – Welch eine fürchterliche Stille! – Saget, wo ist mein Jüngling? –

SARASTRO. Er wartet deiner, um dir das letzte Lebewohl zu sagen.

PAMINA. Das letzte Lebewohl! – O wo ist er? – Führt mich zu ihm! –

SARASTRO. Hier. –

PAMINA. Tamino!

TAMINO. Zurück!

Nr. 19 Terzett

PAMINA. Soll ich dich, Teurer, nicht mehr sehn? –

SARASTRO. Ihr werdet froh euch wiedersehn! –

PAMINA. Dein warten tödliche Gefahren!

TAMINO. Die Götter mögen mich bewahren!

PAMINA. Dein warten tödliche Gefahren!

TAMINO, SARASTRO.
Die Götter mögen mich (ihn) bewahren!

PAMINA. Du wirst dem Tode nicht entgehen,
Mir flüstert dieses Ahndung ein!

TAMINO, SARASTRO. Der Götter Wille mag geschehen,
Ihr Wink soll mir (ihm) Gesetze sein!

PAMINA. O liebtest du, wie ich dich liebe,
Du würdest nicht so ruhig sein.

TAMINO, SARASTRO. Glaub mir, ich fühle (er fühlet) gleiche Triebe,
Werd (Wird) ewig dein Getreuer sein.

SARASTRO. Die Stunde schlägt, nun müsst ihr scheiden!
TAMINO, PAMINA. Wie bitter sind der Trennung Leiden!
SARASTRO. Tamino muss nun wieder fort.
TAMINO. Pamina, ich muss wirklich fort!
PAMINA. Tamino muss nun wirklich fort!
SARASTRO. Nun muss er fort!
TAMINO. Nun muss ich fort!
PAMINA. So musst du fort!
TAMINO. Pamina! lebe wohl!
PAMINA. Tamino! lebe wohl!
SARASTRO. Nun eile fort!
Dich ruft dein Wort!
Die Stunde schlägt! Wir sehn uns wieder!
TAMINO, PAMINA. O goldne Ruhe! kehre wieder!
Lebe wohl! Lebe wohl!
SARASTRO. Wir sehn uns wieder.
(Entfernen sich.)

Zweiundzwanzigster Auftritt

Papageno.

PAPAGENO *(von außen)*. Tamino! Tamino! willst du mich denn gänzlich verlassen?
(Er sucht herein.)
Wenn ich nur wenigstens wüsste, wo ich wäre? – Tamino! – Tamino! – Solang ich lebe, bleib ich nicht mehr von dir – – nur diesmal verlass mich armen Reisgefährten nicht!
(Er kommt an die Türe, wo Tamino abgeführt worden ist.)

EINE STIMME *(ruft)*. Zurück!

(Dann ein Donnerschlag; das Feuer schlägt zur Tür heraus; starker Akkord.)

PAPAGENO. Barmherzige Götter! – Wo wend ich mich hin? Wenn ich nur wüsste, wo ich hereinkam.

(Er kommt an die Tür, wo er hereinkam.)

DIE STIMME. Zurück!

(Donner, Feuer und Akkord wie oben.)

PAPAGENO. Nun kann ich weder zurück, noch vorwärts. –

(Weint.)

Muss vielleicht am Ende gar verhungern. – Schon recht! – Warum bin ich mitgereist.

Dreiundzwanzigster Auftritt

Sprecher mit seiner Pyramide, Papageno.

SPRECHER. Mensch! du hättest verdient, auf immer in finstern Klüften der Erde zu wandern; – die gütigen Götter aber entlassen der Strafe dich. – Dafür aber wirst du das himmlische Vergnügen der Eingeweihten nie fühlen.

PAPAGENO. Je nun, es gibt ja noch mehr Leute meinesgleichen. – Mir wäre jetzt ein gut Glas Wein das größte Vergnügen.

SPRECHER. Sonst hast du keinen Wunsch in dieser Welt?

PAPAGENO. Bis jetzt nicht.

SPRECHER. Man wird dich damit bedienen. –

(Ab. Sogleich kommt ein großer Becher, mit rotem Wein angefüllt, aus der Erde.)

PAPAGENO. Juchhe! Da ist er ja schon! –

(Trinkt.)

Herrlich! – Himmlisch! – Göttlich! – Ha! ich bin jetzt so vergnügt, dass ich bis zur Sonne fliegen wollte, wenn ich Flügel hätte. – Ha! – mir wird ganz wunderlich ums Herz! – Ich möchte – ich wünschte – ja, was denn?

Nr. 20 Arie

PAPAGENO *(schlägt das Glockenspiel).*

Ein Mädchen oder Weibchen
Wünscht Papageno sich!
O so ein sanftes Täubchen
Wär Seligkeit für mich!
Dann schmeckte mir Trinken und Essen,
Dann könnt ich mit Fürsten mich messen,
Des Lebens als Weiser mich freun,
Und wie im Elysium sein.

Ein Mädchen oder Weibchen
Wünscht Papageno sich!
O so ein sanftes Täubchen
Wär Seligkeit für mich!
Ach, kann ich denn keiner von allen
Den reizenden Mädchen gefallen?
Helf eine mir nur aus der Not,
Sonst gräm ich mich wahrlich zu Tod.

Ein Mädchen oder Weibchen
Wünscht Papageno sich!

O so ein sanftes Täubchen
Wär Seligkeit für mich!
Wird keine mir Liebe gewähren,
So muss mich die Flamme verzehren!
Doch küsst mich ein weiblicher Mund –
So bin ich schon wieder gesund.

Vierundzwanzigster Auftritt

Die Alte, tanzend und auf ihren Stock dabei sich stützend, Papageno.

WEIB. Da bin ich schon, mein Engel!
PAPAGENO. Du hast dich meiner erbarmt?
WEIB. Ja, mein Engel!
PAPAGENO. Das ist mein Glück!
WEIB. Und wenn du mir versprichst, mir ewig treu zu bleiben, dann sollst du sehen, wie zärtlich dein Weibchen dich lieben wird.
PAPAGENO. Ei du zärtliches Närrchen!
WEIB. O wie will ich dich umarmen, dich liebkosen, dich an mein Herz drücken!
PAPAGENO. Auch ans Herz drücken?
WEIB. Komm, reiche mir zum Pfand unsers Bundes deine Hand.
PAPAGENO. Nur nicht so hastig, lieber Engel! – So ein Bündnis braucht doch auch seine Überlegung.
WEIB. Papageno, ich rate dir, zaudre nicht. – Deine Hand, oder du bist auf immer hier eingekerkert.
PAPAGENO. Eingekerkert?

WEIB. Wasser und Brot wird deine tägliche Kost sein. – Ohne Freund, ohne Freundin musst du leben, und der Welt auf immer entsagen. –

PAPAGENO. Wasser trinken? – Der Welt entsagen? – Nein, da will ich doch lieber eine Alte nehmen, als gar keine. – Nun, da hast du meine Hand, mit der Versicherung, dass ich dir immer getreu bleibe, *(für sich)* solang ich keine Schönere sehe.

WEIB. Das schwörst du?

PAPAGENO. Ja, das schwör ich!

(Weib verwandelt sich in ein junges Weib, welches ebenso gekleidet ist wie Papageno.)

Pa – Pa – Papagena! –

(Er will sie umarmen.)

Fünfundzwanzigster Auftritt

Sprecher, Vorige.

SPRECHER *(nimmt sie hastig bei der Hand)*. Fort mit dir, junges Weib! Er ist deiner noch nicht würdig.

(Er schleppt sie hinein, Papageno will nach.)

Zurück, sag ich, oder zittre! –

PAPAGENO. Eh ich mich zurückziehe, soll die Erde mich verschlingen. *(Er sinkt hinab.)*

O ihr Götter!

Sechsundzwanzigster Auftritt

Das Theater verwandelt sich in einen kurzen Garten.

Die drei Knaben fahren herunter.

Nr. 21 Finale

DIE DREI KNABEN. Bald prangt, den Morgen zu verkünden,
Die Sonn auf goldner Bahn –
Bald soll der Aberglaube schwinden,
Bald siegt der weise Mann! –
O holde Ruhe, steig hernieder,
Kehr in der Menschen Herzen wieder.
Dann ist die Erd ein Himmelreich
Und Sterbliche den Göttern gleich.

ERSTER KNABE. Doch seht, Verzweiflung quält Paminen! –

ZWEITER UND DRITTER KNABE. Wo ist sie denn?

ERSTER KNABE. Sie ist von Sinnen!

DIE DREI KNABEN. Sie quält verschmähter Liebe Leiden,
Lasst uns der Armen Trost bereiten! –
Fürwahr, ihr Schicksal geht uns nah!
O wäre nur ihr Jüngling da! –
Sie kommt! Lasst uns beiseite gehn,
Damit wir, was sie mache, sehn.
(Gehen beiseite.)

Siebenundzwanzigster Auftritt

Pamina, Vorige.

PAMINA *(halb wahnwitzig, mit einem Dolch).*
Du also bist mein Bräutigam –
Durch dich vollend ich meinen Gram! –
DIE DREI KNABEN *(beiseite).*
Welch dunkle Worte sprach sie da! –
Die Arme ist dem Wahnsinn nah! –
PAMINA. Geduld! mein Trauter, ich bin dein –
Bald werden wir vermählet sein! –
DIE DREI KNABEN *(beiseite).* Wahnsinn tobt ihr im Gehirne –
Selbstmord steht auf ihrer Stirne! –
(Zu Pamina.) Holdes Mädchen, sieh uns an!
PAMINA. Sterben will ich – weil der Mann,
Den ich nimmermehr kann hassen,
Seine Traute kann verlassen! –
(Auf den Dolch zeigend.)
Dies gab meine Mutter mir – –
DIE DREI KNABEN. Selbstmord strafet Gott an dir! –
PAMINA. Lieber durch dies Eisen sterben,
Als durch Liebesgram verderben. –
Mutter, durch dich leide ich,
Und dein Fluch verfolget mich! –
DIE DREI KNABEN. Mädchen! willst du mit uns gehn?
PAMINA. Ja, des Jammers Maß ist voll!
Falscher Jüngling, lebe wohl!
Sieh, Pamina stirbt durch dich!
Dieses Eisen töte mich! –
(Will sich erstechen.)

DIE DREI KNABEN *(halten ihr den Arm)*.
Ha, Unglückliche! halt ein!
Sollte dies dein Jüngling sehen,
Würde er für Gram vergehen,
Denn er liebet dich allein. –
PAMINA *(erholt sich)*. Was? er fühlte Gegenliebe?
Und verbarg mir seine Triebe –
Wandte sein Gesicht von mir?
Warum sprach er nicht mit mir? –
DIE DREI KNABEN. Dieses müssen wir verschweigen,
Doch wir wollen dir ihn zeigen,
Und du wirst mit Staunen sehn,
Dass er dir sein Herz geweiht,
Und den Tod für dich nicht scheut!
PAMINA. Führt mich hin, ich möcht ihn sehn.
DIE DREI KNABEN. Komm, wir wollen zu ihm gehn.
ALLE. Zwei Herzen, die von Liebe brennen,
Kann Menschenohnmacht niemals trennen –
Verloren ist der Feinde Müh,
Die Götter selbsten schützen sie.
(Sie gehen ab.)

Achtundzwanzigster Auftritt

Das Theater verwandelt sich in zwei große Berge; in dem einen ist ein Wasserfall, worin man Sausen und Brausen hört; der andre speit Feuer aus; jeder Berg hat ein durchbrochenes Gegitter, worin man Feuer und Wasser sieht; da, wo das Feuer brennt, muss der Horizont hellrot sein, und wo das Wasser ist, liegt schwarzer Nebel. Die Szenen sind Felsen, jede Szene schließt sich mit einer eisernen Tür.

Tamino ist leicht angezogen, ohne Sandalen. Zwei schwarz geharnischte Männer führen Tamino herein. Auf ihren Helmen brennt Feuer. Sie lesen ihm die transparente Schrift vor, welche auf einer Pyramide geschrieben steht. Diese Pyramide steht in der Mitte ganz in der Höhe nahe am Gegitter.

ERSTER UND ZWEITER GEHARNISCHTER MANN.
Der, welcher wandert diese Straße voll Beschwerden,
Wird rein durch Feuer, Wasser, Luft und Erden.
Wenn er des Todes Schrecken überwinden kann,
Schwingt er sich aus der Erde himmelan!
Erleuchtet wird er dann im Stande sein,
Sich den Mysterien der Isis ganz zu weihn. –
TAMINO. Mich schreckt kein Tod, als Mann zu handeln,
Den Weg der Tugend fortzuwandeln!
Schließt mir des Schreckens Pforten auf –
Ich wage froh den kühnen Lauf. –
(Will gehen.)
PAMINA *(von innen)*. Tamino, halt! Ich muss dich sehn!
TAMINO. Was hör ich? Paminens Stimme? –

ERSTER UND ZWEITER GEHARNISCHTER MANN.
Ja ja, das ist Paminens Stimme!
TAMINO, ERSTER UND ZWEITER GEHARNISCHTER MANN.
Wohl mir (dir), nun kann sie mit mir (dir) gehn!
Nun trennet uns (euch) kein Schicksal mehr,
Wenn auch der Tod beschieden war!
TAMINO. Ist mir erlaubt mit ihr zu sprechen?
ERSTER UND ZWEITER GEHARNISCHTER MANN.
Es ist erlaubt, mit ihr zu sprechen!
TAMINO, ERSTER UND ZWEITER GEHARNISCHTER MANN.
Welch Glück, wenn wir uns (euch) wiedersehn.
Froh Hand in Hand im Tempel gehn.
Ein Weib, das Nacht und Tod nicht scheut,
Ist würdig, und wird eingeweiht.
(Die Tür wird aufgemacht, Tamino und Pamina umarmen sich.)
PAMINA. Tamino mein! O welch ein Glück!
TAMINO. Pamina mein! O welch ein Glück!
Hier sind die Schreckenspforten,
Die Not und Tod mir dräun.
PAMINA. Ich werde aller Orten
An deiner Seite sein. –
Ich selbsten führe dich –
Die Liebe leite mich!
(Sie nimmt ihn bei der Hand.)
Sie mag den Weg mit Rosen streun,
Weil Rosen stets bei Dornen sein.
Spiel du die Zauberflöte an,
Sie schütze uns auf unsrer Bahn.

Es schnitt in einer Zauberstunde
Mein Vater sie aus tiefstem Grunde
Der tausendjähr'gen Eiche aus
Bei Blitz und Donner – Sturm und Braus. –
Nun komm und spiel die Flöte an!
Sie leite uns auf grauser Bahn.

PAMINA, TAMINO. Wir wandeln durch des Tones Macht
Froh durch des Todes düstre Nacht.

ERSTER UND ZWEITER GEHARNISCHTER MANN.
Ihr wandelt durch des Tones Macht
Froh durch des Todes düstre Nacht.
(Die Türen werden nach ihnen zugeschlagen; man sieht Tamino und Pamina wandern; man hört Feuergeprassel und Windesgeheul, manchmal auch den Ton dumpfen Donners, und Wassergeräusch. Tamino bläst seine Flöte. Sobald sie vom Feuer herauskommen, umarmen sie sich, und bleiben in der Mitte.)

PAMINA, TAMINO. Wir wandelten durch Feuergluten,
Bekämpften mutig die Gefahr.
Dein Ton sei Schutz in Wasserfluten,
So wie er es im Feuer war.
(Tamino bläst; man sieht sie hinuntersteigen und nach einiger Zeit wieder heraufkommen; sogleich öffnet sich eine Türe; man sieht einen Eingang in einen Tempel, welcher hell beleuchtet ist. Eine feierliche Stille. Dieser Anblick muss den vollkommensten Glanz darstellen. Sogleich fällt der Chor unter Trompeten und Pauken ein. Zuvor aber:)

PAMINA, TAMINO. Ihr Götter, welch ein Augenblick!
Gewähret ist uns Isis' Glück! –

CHOR. Triumph, Triumph, du edles Paar!
Besieget hast du die Gefahr!
Der Isis Weihe ist nun dein!
Kommt! tretet in den Tempel ein!
(Alle ab.)

Das Theater verwandelt sich wieder in den vorigen Garten.

Neunundzwanzigster Auftritt

Papageno; später die drei Knaben, Papagena.

PAPAGENO *(pfeift)*. Papagena! Papagena! Papagena!
Weibchen! Täubchen! Meine Schöne!
Vergebens! Ach! sie ist verloren!
Ich bin zum Unglück schon geboren.
Ich plauderte, und das war schlecht,
Und drum geschieht es mir schon recht!
Seit ich gekostet diesen Wein –
Seit ich das schöne Weibchen sah,
So brennt's im Herzenskämmerlein,
So zwicket's hier, so zwicket's da!
Papagena! Herzensweibchen!
Papagena, liebes Täubchen!
's ist umsonst! Es ist vergebens!
Müde bin ich meines Lebens!
Sterben macht der Lieb ein End,
Wenn's im Herzen noch so brennt.
(Er nimmt einen Strick von seiner Mitte.)

Diesen Baum da will ich zieren,
Mir an ihm den Hals zuschnüren,
Weil das Leben mir missfällt;
Gute Nacht, du schwarze Welt!
Weil du böse an mir handelst,
Mir kein schönes Kind zubandelst,
So ist's aus, so sterbe ich.
Schöne Mädchen, denkt an mich!
Will sich eine um mich Armen,
Eh ich hänge, noch erbarmen,
Wohl, so lass ich's diesmal sein!
Rufet nur, ja oder nein!
Keine hört mich! Alles stille!
(Sieht sich um.)
Also ist es euer Wille!
Papageno, frisch hinauf,
Ende deinen Lebenslauf.
(Sieht sich um.)
Nun! ich warte noch! es sei,
Bis man zählet: eins, zwei, drei!
(Pfeift.)
Eins!
(Sieht sich um, pfeift.)
Zwei!
(Sieht sich um, pfeift.)
Drei!
(Sieht sich um.)
Nun, wohlan! es bleibt dabei!
Weil mich nichts zurücke hält,
Gute Nacht, du falsche Welt!
(Will sich hängen.)

DIE DREI KNABEN *(fahren herunter).*
Halt ein! o Papageno, und sei klug!
Man lebt nur einmal, dies sei dir genug!
PAPAGENO. Ihr habt gut reden, habt gut zu scherzen;
Doch brennt' es euch wie mich im Herzen,
Ihr würdet auch nach Mädchen gehn.
DIE DREI KNABEN. So lasse deine Glöckchen klingen,
Dies wird dein Weibchen zu dir bringen.
PAPAGENO. Ich Narr vergaß der Zauberdinge! –
(Nimmt sein Instrument heraus.)
Erklinge, Glockenspiel, erklinge,
Ich muss mein liebes Mädchen sehn!
(Die drei Knaben laufen zu ihrem Flugwerk und bringen das Weib heraus.)
Klinget, Glöckchen, klinget,
Schafft mein Mädchen her! –
Klinget, Glöckchen, klinget!
Bringt mein Weibchen her!
DIE DREI KNABEN *(fahren auf).*
Nun, Papageno, sieh dich um!
(Papageno sieht sich um; beide haben unter dem Ritornell komisches Spiel.)
PAPAGENO. Pa–Pa–Pa–Pa–Pa–Pa–Papagena!
PAPAGENA. Pa–Pa–Pa–Pa–Pa–Pa–Papageno!
PAPAGENO. Bist du mir nun ganz gegeben? –
PAPAGENA. Nun bin ich dir ganz gegeben.
PAPAGENO. Nun so sei mein liebes Weibchen!
PAPAGENA. Nun so sei mein Herzenstäubchen!
BEIDE. Welche Freude wird das sein,
Wenn die Götter uns bedenken,

Unsrer Liebe Kinder schenken,
So liebe kleine Kinderlein!
PAPAGENO. Erst einen kleinen Papageno!
PAPAGENA. Dann eine kleine Papagena!
PAPAGENO. Dann wieder einen Papageno!
PAPAGENA. Dann wieder eine Papagena!
BEIDE. Papagena! Papageno! Papagena!
Es ist das höchste der Gefühle,
Wenn viele, viele, viele, viele
Pa–Pa–Pa–Pa–geno,
Pa–Pa–Pa–Pa–gena
Der Eltern Segen werden sein.
(Beide ab.)

Dreißigster Auftritt

Der Mohr, die Königin mit allen ihren Damen kommen von beiden Versenkungen; sie tragen schwarze Fackeln in der Hand.

MONOSTATOS. Nur stille! stille! stille! stille!
Bald dringen wir in Tempel ein!
KÖNIGIN DER NACHT, DIE DREI DAMEN.
Nur stille, stille, stille, stille!
Bald dringen wir in Tempel ein!
MONOSTATOS. Doch Fürstin! halte Wort! erfülle!
Dein Kind muss meine Gattin sein!
KÖNIGIN DER NACHT. Ich halte Wort! es ist mein Wille,
Mein Kind soll deine Gattin sein!

DIE DREI DAMEN. Ihr Kind soll deine Gattin sein!
(Man hört dumpfen Donner und Wassergeräusch.)
MONOSTATOS. Doch still, ich höre schrecklich Rauschen
Wie Donnerton, und Wasserfall.
KÖNIGIN DER NACHT, DIE DREI DAMEN.
Ja, fürchterlich ist dieses Rauschen,
Wie fernen Donners Widerhall! –
MONOSTATOS. Nun sind sie in des Tempels Hallen.
ALLE. Dort wollen wir sie überfallen,
Die Frömmler tilgen von der Erd
Mit Feuersglut und mächtgem Schwert!
DIE DREI DAMEN, MONOSTATOS *(kniend).*
Dir, große Königin der Nacht,
Sei unsrer Rache Opfer gebracht!
(Donner, Blitz, Sturm.)
ALLE. Zerschmettert, zernichtet ist unsere Macht,
Wir alle gestürzet in ewige Nacht! –
(Sie versinken.)
(Sogleich verwandelt sich das ganze Theater in eine Sonne. Sarastro steht erhöht; Tamino, Pamina, beide in priesterlicher Kleidung. Neben ihnen die ägyptischen Priester auf beiden Seiten. Die drei Knaben halten Blumen.)

Rezitativ

SARASTRO. Die Strahlen der Sonne vertreiben die Nacht,
Zernichten der Heuchler erschlichene Macht!
CHOR. Heil sei euch Geweihten!
Ihr dränget durch Nacht!
Dank sei dir, Osiris,
Dank dir, Isis, gebracht!

Es siegte die Stärke
Und krönet zum Lohn
Die Schönheit und Weisheit
Mit ewiger Kron!

Ende der Oper

Zur Textgestalt

Dem Text der vorliegenden Ausgabe liegt der Erstdruck des Textbuches zugrunde:

> Die Zauberflöte. Eine große Oper in zwey Aufzügen. Von Emanuel Schikaneder. Die Musik ist von Herrn Wolfgang Amade Mozart, Kapellmeister, und wirklichem k. k. Kammer-Compositeur. Wien, gedruckt bey Ignaz Alberti, 1791.

Die Musiknummern folgen Mozarts autographer Partitur, wo diese vom Textbuch abweicht. Eine methodisch einwandfreie textkritische Wiedergabe wäre bei der gegebenen Überlieferungslage nur in der Form eines Paralleldrucks von Partiturtext und Textbuch zu erreichen gewesen. Mit Blick auf den Zweck unserer Ausgabe, die dem Theaterbesucher zur Hand sein soll, ist daher dieses Mischverfahren gewählt worden. Bei den Abweichungen vom Textbuch handelt es sich teils um Kürzungen, teils um Erweiterungen. Die – vergleichsweise wenigen – Regieanweisungen fasst Mozart kürzer und präziser als Schikaneder. Kompositorisch bedingte Wiederholungen desselben Textes werden nicht abgedruckt.

Orthographie und Interpunktion sind behutsam modernisiert worden, bei Wahrung des Lautstandes und sprachlich-stilistischer Eigenheiten. Apostrophe sind nur gesetzt, wo sie für das Verständnis hilfreich erscheinen.

Literaturhinweise

Wolfgang Amadeus Mozart: Die Zauberflöte. KV 620. Faksimile der autographen Partitur [und des Librettos für die Wiener Uraufführung]. Mit einem Essay von Hans Joachim Kreutzer und einer musikwissenschaftlichen Einführung von Christoph Wolff. 3 Bde. Los Altos / Kassel [u. a.]: Bärenreiter, 2009.

– Die Zauberflöte. Eine deutsche Oper in zwei Aufzügen. Vorgelegt von Gernot Gruber und Alfred Orel. Kassel [u. a.]: Bärenreiter, 2. durchges. Aufl. 1985. (https://dme.mozarteum.at/DME/nma/nmapub_srch.php?l=1)

– Die Zauberflöte. Klavierauszug nach dem Urtext der Neuen Mozart-Ausgabe von Heinz Moehn. Kassel [u.a.]: Bärenreiter, 1970.

– Die Zauberflöte. Ein literarischer Opernbegleiter. Mit dem Libretto Emanuel Schikaneders und verwandten Dichtungen. Hrsg. von Jan Assmann. Zürich: Manesse, 2012. [Enthält August Jacob Liebeskind: Lulu oder Die Zauberflöte; Christoph Martin Wieland: Der Stein der Weisen oder Sylvester und Rosine; Louis de Mailly: Der Zauberkönig; Abbé Jean Terrasson: Auszüge aus Geschichte des Sethos; Johann Wolfgang von Goethe: Der Zauberflöte zweiter Teil.]

– Briefe. Ausgew. u. hrsg. von Stefan Kunze. Stuttgart: Reclam, 1987.

– Mozart. Briefe und Dokumente – Online-Edition: https://dme.mozarteum.at/DME/briefe/doclist.php.

Die Maschinenkomödie. Hrsg. von Otto Rommel. Leipzig: Reclam, 1935. (Deutsche Literatur. Sammlung literarischer Kunst- und Kulturdenkmäler in Entwicklungsreihen. Reihe Barock, 1. Repr. Nachdr. Darmstadt 1974.) [Darin Joachim Perinet: Kaspar der Fagottist, S. 206–262.]

Assmann, Jan: Die Zauberflöte. Eine Oper mit zwei Gesichtern. Wien 2018.

– / Florian Ebeling (Hrsg.): Ägyptische Mysterien. Reisen in die Unterwelt in Aufklärung und Romantik. Eine kommentierte Anthologie. München 2011.

Baur, Eva Gesine: Emanuel Schikaneder. Der Mann für Mozart. München 2012.
Brauneis, Walther: Das Frontispiz im Alberti-Libretto von 1791 als Schlüssel zu Mozarts Zauberflöte. In: Mitteilungen der Internationalen Stiftung Mozarteum 41 (1993). H. 3/4. S. 49–59.
Buch, David J.: Fairy-Tale Literature and *Die Zauberflöte*. In: Acta Musicologica 64 (1992). H. 1. S. 30–49.
Hammerstein, Reinhold: Der Gesang der Geharnischten Männer. Eine Studie zu Mozarts Bach-Bild. In: Archiv für Musikwissenschaft 13 (1956) S. 1–24.
Heinel, Beate: Die Zauberoper. Studien zu ihrer Entwicklungsgeschichte anhand ausgewählter Beispiele von den Anfängen bis zum Beginn des 19. Jahrhunderts. Frankfurt am Main 1994. (Europäische Hochschulschriften, Reihe 36, Bd. 111).
Kaiser, Joachim: Mein Name ist Sarastro. Die Gestalten in Mozarts Meisteropern von Alfonso bis Zerlina. München u. a. 1984.
Konrad, Ulrich: Der Stein der Weisen. Musiktheater im josephinischen Wien. Symposionsbericht Augsburg 2001. Augsburg 2001. (Acta Mozartiana, 48. Jg.)
– Wolfgang Amadé Mozart. Leben – Musik – Werkbestand. Kassel u. a. ^{3}2006.
Krämer, Jörg: Deutschsprachiges Musiktheater im späten 18. Jahrhundert. Typologie, Dramaturgie und Anthropologie einer populären Gattung. 2 Bde. Tübingen 1998.
Krzeszowiak, Tadeusz: Das Freihaustheater in Wien 1787–1801. Wirkungsstätte von W. A. Mozart und E. Schikaneder. Wien u. a. 2008.
Kunze, Stefan: Mozarts Opern. Stuttgart 1984.
Lorenz, Michael: Neue Forschungsergebnisse zum Theater auf der Wieden und Emanuel Schikaneder. In: Wiener Geschichtsblätter 63 (2008). H. 4. S. 15–36.
Mayer, Mathias (Hrsg.): Modell Zauberflöte: Der Kredit des Möglichen. Kulturgeschichtliche Spiegelungen erfundener Wahrheiten. Hildesheim u. a. 2007.
Meinhold, Günter: *Zauberflöte* und Zauberflöten-Rezeption. Studien zu Emanuel Schikaneders Libretto *Die Zauberflöte* und seiner

literarischen Rezeption. Frankfurt am Main 2001. (Hamburger Beiträge zur Germanistik, Bd. 34.)
Perl, Helmut: Der Fall *Zauberflöte*. Mozarts Oper im Brennpunkt der Geschichte. Darmstadt 2000.
Schmid, Manfred Herrmann: Mozarts Opern. Ein musikalischer Werkführer. München 2009.
Sonnek, Anke: Emanuel Schikaneder. Theaterprinzipal, Schauspieler und Stückeschreiber. Kassel u. a. 1996. (Schriftenreihe der Internationalen Stiftung Mozarteum, Bd. 11.)
Schreiber, Ulrich: Die Zauberflöte. In: Silke Leopold (Hrsg.): Mozart Handbuch. Kassel u. a. 2005. S. 143–157.
Wolff, Christoph: »O ew'ge Nacht! ...«. Zum Verständnis der Sprecherszene im ersten Finale von Mozarts Zauberflöte. In: Werner Breig (Hrsg.): Analysen. Beiträge zu einer Problemgeschichte des Komponierens. Festschrift für Hans Heinrich Eggebrecht zum 65. Geburtstag. Stuttgart 1984. S. 234–247. (Archiv für Musikwissenschaft. Beihefte. 23.)

Nachwort

1

Heute Freytag den 30ten September 1791.
Werden die Schauspieler in dem kaiserl. königl. privil.
Theater auf der Wieden die Ehre haben aufzuführen
Zum Erstenmale:
Die Zauberflöte.
Eine grosse Oper in 2 Akten, von Emanuel Schikaneder.

Für diesen herbstlichen Abend kündigte der Anschlagzettel ein aufregendes Ereignis an, nämlich ein weiteres Stück in einer Reihe von Märchenopern, mit denen Schikaneder, der rührige Direktor des 1787 im Starhembergischen Freihaus eingerichteten Theaters, zuletzt großen Widerhall beim Publikum gefunden hatte, einen Erfolg, den er mit einer neuen Produktion fortzusetzen anstrebte. Der Ort des Geschehens lag buchstäblich am Rande: Die Vorstadt Wieden, heute 4. Gemeindebezirk Wiens, erstreckte sich damals noch außerhalb der Stadtmauern. Wer Schikaneders Theater besuchen wollte, das mit einer zwölf Meter tiefen Bühne und einer Kapazität von rund 800 Plätzen in einen weitdimensionierten Wohnkomplex eingegliedert war, musste die Bastion passieren und das weite, unbebaute Glacis sowie den Wienfluss queren. In diesem Haus gaben nicht Hof und Adel den Ton an wie im innerstädtischen National-Hof-Theater (dem alten Burgtheater), hier dominierte eine gesellschaftlich gemischte, bürgerliche Schicht mit eigenen Erwartungen. Diese richteten sich vornehmlich auf abwechslungsreiche Unterhaltung, wie sie phantasievolle, emotional anrührende, aber auch die Sinne durch überraschende Effekte packende Stücke des Sprech- und Musiktheaters zu bieten versprachen. Seit April 1789 lagen die künstlerischen und wirtschaftlichen Geschicke des Hauses in Schikaneders Händen, und der erfahrene Theaterleiter spürte beinahe instinktiv, was er aufbieten musste, um immer wieder aufs Neue Menschen ins Haus zu locken. In dieser Hinsicht machte er aus seinem Selbstverständnis kein Hehl und bekannte in der Vorrede zur von Franz Xaver Süßmayr vertonten Oper *Der Spiegel von Arkadien* (1795):

> Ich schreibe fürs Vergnügen des Publikums, gebe mich für keinen Gelehrten aus. Ich bin Schauspieler – bin Direkteur – und arbeite für meine Kaße; nicht etwa das Publikum ums Geld zu betrügen: denn betrügen läßt sich der vernünftige Mensch nur einmal.

Für sein neuestes Werk konnte er einen prominenten Mitstreiter gewinnen, was er auf dem Theaterzettel, weiter unten zwar, in etwas kleineren Lettern, aber nicht ohne Stolz bekanntgab:

> Die Musik ist von Herrn Wolfgang Amade Mozart, Kapellmeister, und wirklicher K. K. Kammerkompositeur. Herr Mozard wird aus Hochachtung für ein gnädiges und verehrungswürdiges Publikum, und aus Freundschaft gegen den Verfasser des Stücks, das Orchester heute selbst diregiren.

Autor und Komponist kannten einander näher aus Salzburger Begegnungen im Halbjahr 1780/81. Eine Arbeitsverbindung zum Theater auf der Wieden bestand spätestens seit dessen Vorjahresproduktion, dem zweiaktigen Singspiel *Der Stein der Weisen, oder: Die Zauber-Insel*, Premiere am 11. September 1790. Mozart hatte dazu ein Duett beigesteuert, außerdem in den Rollen dieses Stücks die meisten der Sängerinnen und Sänger kennengelernt, mit denen er bei der *Zauberflöte* rechnen konnte: den Tenor Benedikt Schack (Astromonte/Tamino), die erst siebzehnjährige Sopranistin Anna Gottlieb (Nadine/Pamina), Schikaneder (Lubano/Papageno), Barbara Gerl (Lubanara/Papagena) und ihren Mann Franz Xaver Gerl (Eutifronte/Sarastro), Urban Schikaneder (Sadik / Erster Priester), Johann Michael Kistler (Nadir / Zweiter Priester). Die virtuose Stimme seiner hier nicht beteiligten Schwägerin Josepha Hofer, geb. Weber, die mit der dramatischen Koloratursopran-Partie der Königin der Nacht betraut wurde, hatte er ohnehin im Ohr. Auch mit dem versierten Kapellmeister Johann Baptist Henneberg, der maßgeblich an der Einstudierung der neuen Oper beteiligt sein würde, stand er in Verbindung. War *Der Stein der Weisen* eine Gemeinschaftsarbeit der schriftstellernden und musikalischen Kräfte der Truppe gewesen, allesamt begabte und handwerklich geschickte junge Künstler, wenn auch ohne herausragend individuelles Format, so verband sich Schikaneder nun mit einem Komponisten, dessen Bekanntheit und Renommee das Wiedner Vorstadttheater weit überstrahlten.

Dass Mozart sich überhaupt auf das Unternehmen einließ, sollte nicht für selbstverständlich gehalten werden, verließ er doch damit seine angestammte Sphäre der aristokratisch dominierten höfischen oder hofnahen Oper (für die fast alle seine Bühnenwerke entstanden waren und für die er im Sommer 1791 *La clemenza di Tito* anlässlich der Krönung Kaiser Leopolds II. zum König von Böhmen schuf). Was ihn motivierte, sich mit Schikaneder und seiner Truppe zusammenzutun, und was ihn in den wenigen Wochen der intensiven Kompositionsarbeit bewegte, lässt sich kaum sagen, liegen doch zur Entstehungsgeschichte des Werks so gut wie keine authentischen Zeugnisse vor. In Mozarts eigenhändig geführtem *Verzeichnüß aller meiner Werke* findet sich unter dem Entstehungsjahr der zu erwartende Eintrag: »Im Jullius. die Zauberflöte. – eine teutsche Oper in 2 Aufzügen. von Eman. Schickaneder, bestehend in 22 stücken«. Erweitert wird er durch die Angabe des Uraufführungsdatums und die Namen der Protagonisten sowie, am 28. September vermerkt, die Komposition des zuletzt noch fehlenden Priestermarsches (Beginn Zweiter Aufzug, Nr. 9) und der Ouvertüre. Überliefert ist die Oper im vollständigen Autograph der Partitur; das Mozart vorliegende Manuskript des Librettos ging verloren. In späten Briefen fallen gelegentliche Bemerkungen anlässlich von Aufführungen, denen er beiwohnte. Zu den Intentionen, die Librettist und Komponist mit ihrem Werk verbanden, schweigen sich die Quellen gründlich aus.

2

Mit diesem nüchternen Befund wollte sich die Nachwelt nicht abfinden. Wo Mangel an verlässlichen Nachrichten herrscht, da gewinnen Hörensagen und Wunschdenken leicht Raum. So auch im Falle der *Zauberflöte*. Noch ohne Nennung von Werk und Librettist brachte der Publizist Friedrich Rochlitz im Rahmen einer Reihe von Anekdoten aus dem Leben des Komponisten, publiziert 1798/99 in der *Allgemeinen musikalischen Zeitung*, die unverbürgte Nachricht auf, »ein gewisser Schauspieldirektor«, der wirtschaftlich »ganz heruntergekommen war«, habe Mozart angefleht, ihn zu retten: »Schreiben Sie eine Oper für mich, ganz im Geschmack des heutgen [Wien]er Publikums; Sie können dabey den Kennern und Ihrem Ruhme immer auch das Ihrige geben, aber sorgen Sie vornehmlich auch für die niedrigern Menschen aller Stände.« Der Komponist in seiner Gutmütigkeit habe die drängende Bitte des Direktors erhört und auf ein Honorar verzichtet, weswegen er am Ende selbst keinen Gewinn aus seiner erfolgreichen Arbeit ziehen konnte (viel später, nämlich 1840, kolportierte Ignaz von Seyfried dagegen die Nachricht, Mozart sei von seinem Auftraggeber mit 100 Dukaten, einer stattlichen Summe, entlohnt worden). Georg Nikolaus Nissen fügte Rochlitzens Anekdote beinahe wörtlich, nun aber mit Klarnamen, in seine 1828 erschienene umfangreiche Biographie W. A. Mozarts ein, das Ausgangswerk aller weiteren Lebensbeschreibungen des Komponisten.

Diese Grundschicht reicherte ein halbes Jahrhundert nach den Geschehnissen der deutsch-österreichische Musikschriftsteller und Theaterregisseur Georg Friedrich Treitschke mit einer Behauptung an, die sich in der Folge als überaus wirkungsmächtig erweisen sollte. Schikaneder sei unter der Arbeit am Finale des ersten Aufzugs mit der neuen Produktion seines Konkurrenten Joachim Perinet bekanntgeworden, dem am 8. Juni 1791 im Leopoldstädter

Theater mit der Musik von Wenzel Müller herausgekommenen Singspiel *Kaspar, der Fagottist, oder: Die Zauberzither.* Zwischen diesem Stück und der *Zauberflöte* bestehe aufgrund der gemeinsamen Quelle in der Sammlung *Dschinnistan oder auserlesene Feen- und Geister-Mährchen, theils neu erfunden, theils neu übersetzt und umgearbeitet* von Christoph Martin Wieland angeblich eine Ähnlichkeit der Anlage. Diese habe Schikaneder kurzerhand dazu bewogen, den dramatischen Gang seines Librettos radikal zu ändern: Durch »Herumdrehen des Planes«, nach dem bis dahin die Königin der Nacht als Vertreterin des Guten, Sarastro dagegen als »ein Unmensch, ein Tirann« agierten, es nun aber genau umgekehrt weitergehen sollte, nahm Schikaneder zwar einen Handlungsbruch in Kauf, setzte sich damit aber entschieden von Perinet ab. Dass auch Mozart das Stück kennengelernt und dazu in einem Brief vom 12. Juni 1791 gemeint hatte, dass »gar nichts daran« sei, blieb freilich unerwähnt.

Treitschkes Mitteilung, die im Übrigen auf einem etwas redseligen Brief des Wiener Komponisten Ignaz von Seyfried an ihn fußte, verbreitete sich seit ihrer Erstveröffentlichung 1841 im musikalischen Taschenbuch *Orpheus.* Sanktioniert wurde sie 1859 durch den Philologen und Archäologen Otto Jahn, der sie im vierten Band der von ihm vorgelegten ersten wissenschaftlichen Mozart-Biographie wie selbstverständlich als Tatsache referierte, daran aber weitere Aussagen knüpfte, für die es erneut keine Beglaubigung gab. Die Wendung hin zu Sarastro und seinem Gefolge als einem Bund aufgeklärter Männer habe Schikaneder die willkommene Gelegenheit geboten, die Ideale der Freimaurerei zu verherrlichen, und damit die des »politischen und religiösen Liberalismus«. Als Zuträger für die einschlägigen Partien des Textbuches, wenn nicht gar als deren Autor, nannte Jahn, einer mündlichen Überlieferung durch den Tenor und Theaterdirektor Julius Cornet folgend, den Juristen und Mineralogen, aber auch Schauspieler Karl Ludwig Giesecke. Seit 1789 gehörte dieser zum Personal des Freihaustheaters, reüssierte dort mit einer Bearbeitung von Wielands *Oberon, König der Elfen* zu einem romantischen Singspieltext, war überhaupt vielfältig einsetzbar (bei der Uraufführung der *Zauberflöte* gab er den Ersten Sklaven). Mit Mozart verband ihn die gemeinsame Mitgliedschaft in der Loge ›Zur neugekrönten Hoffnung‹, er pflegte also zur fraglichen Zeit Umgang sowohl mit dem Komponisten als auch mit Schikaneder. Mehr als dies lässt sich nicht mit Gewissheit nicht sagen.

An den Schlagworten ›Bruch‹ und ›Freimaureroper‹ arbeiteten sich seit dem späteren 19. Jahrhundert unzählige Autoren ab, immer noch kommen weitere hinzu. Ein dichtes Gewebe von Deutungen, Mutmaßungen und ästhetischen Urteilen im weiten Feld von höchst geistvollen Gedankengängen bis hin zu esoterischen Spekulationen umhüllt gegenwärtig Verse, Prosa und Musik der *Zauberflöte*. Diffamiert als »elendes Zeug« und »hirnloses Machwerk«, wurde sie aber auch zum »vollendetsten Meisterwerk« erhoben, das »unmöglich übertroffen, ja dessen Genre nicht einmal mehr erweitert und fortgesetzt werden könnte« (Richard Wagner). Schikaneders Libretto schlug von Beginn an Geringschätzung, gar Verachtung entgegen: »Die neue Maschienenkomödie: Die Zauberflöte [...] findet den gehoften Beifall nicht, weil der Inhalt und die Sprache des Stücks gar zu schlecht sind«, meinte ein Korrespondent in seiner auf den 9. Oktober 1791 datierten Nachricht an das in Berlin erscheinende *Musikalische Wochenblatt*. Unter dem Eindruck einer frühen Aufführung notierte der ebenso gebildete wie theaterbegeisterte Karl Graf von Zinzendorf in seinem Tagebuch: »La musique et les Decorations sont jolois, le reste une farçe incroyable.« (»Die Musik und die Dekorationen sind hübsch, der Rest ist eine unglaubliche Farce.«) So ungünstig diese und andere Stimmen aber auch lauteten, so konnten sie doch den raschen Siegeszug des Werks nicht aufhalten. Mit 223 Aufführungen war es die erfolgreichste Oper in Schikaneders Direktionszeit. In ungebrochener Kontinuität gehört die *Zauberflöte* seit ihrer Premiere zum Kernbestand des Opernrepertoires, und dies längst wie kaum ein anderes Bühnenstück rund um den Globus.

3

Wer einen Schritt zurücktritt und eine historisch gesicherte Vorstellung von den Theaterverhältnissen im Wien des späten 18. Jahrhunderts zu gewinnen sucht, wird sich von vertrauten Anschauungen trennen müssen. Wenn Mozart sein Werk eine »teutsche Oper« nennt, dann will er es nicht als ein Stück mit spezifischem Nationalcharakter auszeichnen, sondern schlicht auf dessen Sprache verweisen, assoziiert das Wort Oper zu seiner Zeit doch in erster Linie die italienische Bühnenkunst. Dass er selbst in seinem Werkverzeichnis Schikaneder als Autor nennt und dieser sowohl auf dem Theaterzettel als auch im Erstdruck des Librettos vor ihm als Komponisten rangiert, macht deutlich, dass es sich bei diesem Produkt um ein Schauspiel mit Musik handelt. Im Mittelpunkt stehen die Handlung – nichts anderes heißt das griechische Wort Δράμα (it. *dramma*) – und der sie tragende Text. Er ist das Primäre, zu dem die Musik tritt, und sein Anteil dominiert quantitativ. Dafür müssen Prosa und Verse freilich besonderen Formvorgaben folgen: Ein *büchl* (Büchlein), wie Mozart das italienische *libretto* richtig eindeutscht, wird durch seine Funktion als Bühnenspiel- und Musikvorlage bestimmt, nicht aber durch die Anforderungen eines gehobenen literarischen Stils; es unterliegt also nicht den strengen Maßstäben der Dichtung. Das bedeutet selbstverständlich nicht, dass ein Libretto beispielsweise der Regeln der Metrik oder des Reims enthoben sei. Wichtiger aber ist die Zurichtung der Sprache hin auf Vertonbarkeit, was dem Autor eines Opernbuches etwa ein feines Gespür sowohl für die Position sinntragender Wörter als auch für deren Vokal-Wohlklang abverlangt. Nicht nur in dieser Hinsicht war Schikaneder ein Könner mit sicherer Feder. Er verdient Hochachtung, wovon man sich leicht überzeugen kann, wenn man seinen Text mit der Bearbeitung vergleicht, die Christian August Vulpius auf Geheiß seines Schwagers Goethe für die Weimarer Aufführung der *Zauberflöte* in der Annahme angefertigt hat, das Original sei dem anspruchsvollen Publikum am Ort nicht zuzumuten. Hier kam Hochmut vor dem Fall, denn das Arrangement ist in vieler Hinsicht missraten, unter anderem auch, weil Vulpius »nicht einmal Begriffe von Musik« habe, wie der Originalautor ganz richtig feststellte.

Schon im 18. Jahrhundert schien es fragwürdig, ein Werk ›verbessern‹ zu wollen, das in seiner ganz und gar ungewöhnlichen Spannweite von ernst-erhabenen Ideen auf der einen Seite, beinahe slapstickhaft-derber Heiterkeit auf der anderen kein Vergleichsstück neben sich weiß. Unnötig war es seit jeher, seine partielle Anfechtbarkeit durch idealisierende Apologetik zu überdecken. *Die Zauberflöte* dürfte aus der Perspektive ihrer Verfasser zunächst nicht mehr und nicht weniger beansprucht haben, als ein effektvolles Singspiel zu sein, das die Besucherschaft eines Vorstadttheaters mit einer ebenso bewegenden wie unterhaltenden Handlung, mit vielfältiger Musik aller möglichen Genres und mit packender Darstellung auf der Bühne für ein paar Stunden in seinen Bann schlagen sollte. Um dieses Ziel zu erreichen, waren den Produzenten alle Mittel recht, zuvörderst diejenigen einer modernen Theatermaschinerie: zwölf Dekorationen, zehn Verwandlungen auf offener Bühne, drei Versenkungen und dreimaliger Einsatz eines blumengeschmückten Flugwerks, dazu »gangbare« Berge, das heißt Bühnenaufbauten, die betreten werden konnten, schließlich Feuer- und Wasserillusionen. Wer immer aus dem Personal einsatzfähig war, musste auftreten: Achtzehn Gesangssolisten sind gefordert, außerdem singende Gruppen von Priestern, Sklaven und Gefolge, nicht zu vergessen vier Sprechrollen für Priester und Sklaven. Kostüme wurden nicht aus dem Fundus genommen, sondern zum Teil neu geschneidert wie das »prächtige javonische [japanische] Jagdkleid« Taminos oder das üppig mit Federn bestückte Gewand Papagenos, so aufwändig gearbeitet, dass Schikaneder sich damit auf einer ganzen Seite des Librettos abbilden ließ. Tierverkleidungen kamen zum Einsatz, solche von Affen sind bezeugt, auch von Löwen – schließlich spannt Sarastro sechs dieser Königstiere vor seinen Triumphwagen. Rasche Verwandlungen sorgten für Überraschung, etwa die vom alten hässlichen Weib hin zur jungen hübschen Papagena. Requisiten aller Art mussten gefertigt werden, darunter ungewöhnliche wie Papagenos Mundschloss, sein Vogelkäfig, tragbare transparente Pyramiden. Dem Auge wollte Schikaneder alles bieten, was ein Theater des späten 18. Jahrhunderts ihm nur bieten konnte.

Da sollten die Ohren nicht zu kurz kommen. Das Zauberflöten-Orchester ist so reich besetzt wie das keiner anderen Oper Mozarts (nur *Idomeneo* und *Don Giovanni* ließen sich vergleichen, doch fehlen deren Ensembles Sonderinstrumente wie Bassetthorn, Piccolo-Flöte oder Glockenspiel). Der Komponist geht in der Ausdifferenzierung des Apparates so weit, dass keine Nummer einer anderen gleicht – ein wahres Meisterstück instrumentatorischer Abwechslung. Wer einer Aufführung beiwohnte, dem konnten Hören und Sehen vergehen, wenn er denn überhaupt in der Lage war, in jedem Moment den unentwegten Reizen des Bühnengeschehens und der Reichhaltigkeit der Musik zu folgen. Mozart reagierte auf die Dichte des darstellerischen Geschehens mit einem in der Oper des 18. Jahrhunderts kaum je zu erlebenden Kaleidoskop an musikalischer Sprach- und Formenvielfalt. Wo waren je zuvor in einem Werk etwa hochvirtuose Koloraturarien nach dem Modell der italienischen *Opera seria* (Nr. 14), gemütvoll-liedhafte Gesänge in Art des Wiener Volkstheaters (Nrn. 2, 20), ein kontrapunktisch gearbeitetes Männerduett über einen protestantischen Choral (Nr. 21, 28. Auftritt), ein seismographisch genau den Verlauf eines Gesprächs nachzeichnendes Rezitativ mit Orchesterbegleitung, ein sogenanntes *Accompagnato* (Nr. 8, 15. Auftritt: ›Sprecherszene‹), Knabenterzette (Nr. 8, 15. Auftritt; Nr. 16; Nr. 21, 26. Auftritt), weihevolle Priesterchöre (Nrn. 10, 18), Orchestermusik mit Fugenanteilen (Ouvertüre), empfindsames Konzertieren (Taminos Flötenspiel) und manch anderes mehr im bunten Wechsel erklungen?

Es gehört zu den grundsätzlichen Missverständnissen dieser »grossen Oper«, sie angesichts der Märchenhaftigkeit ihrer Handlung und der partiellen Volkstümlichkeit einiger Gesangsnummern für ein bequem konsumierbares, ›kinderleichtes‹ Werk zu halten. Mozart selbst hat in anderem Zusammenhang einmal vom »Mittelding zwischen zu schwer und zu leicht« gesprochen – und davon, dass »auch kenner allein satisfaction« aus einem Kunstwerk erhalten könnten, »doch so – daß die nichtkenner damit zufrieden sein müssen, ohne zu wissen warum«. Dieser Anspruch gilt auch für die *Zauberflöte*, die einem unmittelbaren Allgemeinverständnis keine hohen Hürden entgegenstellt, gleichwohl eine nur schwer auslotbare Tiefendimension besitzt. Denn Librettist und Komponist bewegen sich mit ihrer wunderbaren, wundersamen und gelegentlich wunderlichen Märchengeschichte vor einem weit aufgespannten literarischen und kulturgeschichtlichen Horizont.

Dabei bedienen sie sich beinahe ungeniert am Depot historischer Traditionsbestände und kombinieren diese zugleich spielerisch lustvoll mit zeitgenössischen Motiven. Nicht nur die erwähnte *Dschinnistan*-Sammlung Wielands bot reiches Material, auch antike Quellen wie die *Metamorphosen* des Apuleius von Madaura und Heliodors *Aithiopika*, jüngere literarische Werke wie der Roman *Sethos. Histoire ou vie tirée des monuments anecdotes de l'ancienne Egypte* des Abbé Jean Terrasson (in dem auch der Orpheus-Mythos vorkommt und aus dem Schikaneder Verse für die

›Geharnischtenszene‹ zitiert) oder das *Dramma per musica Osiride* von Caterino Mazzolà (mit dem Mozart beim *Tito* zusammenarbeitete). Ihnen allen ist gemein, dass sie das damals aktuelle, esoterisch-spekulationsfreudige Interesse am alten Ägypten und dessen Mysterien spiegelten, ein Interesse, das vornehmlich in freimaurerischen Kreisen herrschte und dem dort mit einem gewissen Enthusiasmus gehuldigt wurde.

So muss es nicht verwundern, dass die *Zauberflöte* bei Mozart und Schikaneder zunächst unter dem Arbeitstitel *Die egyptischen Geheimnisse* gelaufen zu sein scheint; jedenfalls taucht diese Angabe in Nachrichten aus Wien vom September 1791 auf, die in gut informierten Hamburger und Kölner Zeitungen zu lesen waren. Vermutlich schien die Formulierung den Autoren am Ende im Blick auf ihr Publikum, aber auch auf den facettenreichen Inhalt des Werks doch zu speziell. Denn selbst wenn Librettist und Komponist mit ihrer Oper im Sinn gehabt hätten, eine *opera duplex* (Jan Assmann) zu schaffen, deren Außenseite das Märchen- und Zauberstück, deren Innenseite aber eine Darstellung, mehr noch, einen Nachvollzug des Mysterienkults der Freimaurer bildeten, so hätten sie bewusst in Kauf genommen, dass letztere allen Nicht-Eingeweihten – also der überwältigenden Mehrheit des Publikums – grundsätzlich verborgen bleiben würde (was dann auch bis zum Beginn des 21. Jahrhunderts der Fall war und sich so leicht nicht ändern wird). So faszinierend die Korrelationen zwischen ägyptosophischen und freimaurerischen Texten einerseits, dem Libretto der Zauberflöte andererseits auch scheinen mögen, so wenig lässt sich die Frage nach der Kausalität ihres möglichen Zusammenhangs abschließend beantworten. Im Übrigen gerät, wer den Text in jedem Detail auf die Feinwaage rationaler Inhaltsgewichtung legt, angesichts seiner Widersprüchlichkeit auf dünnes Eis, lassen sich doch die vorkommenden Sentenzen einer aufgeklärten Tugendlehre, das elitäre Gesellschaftsbild des priesterlichen Männerbundes, das negative Frauenbild oder die prekäre Zeichnung des »Mohren« Monostatos und der Sklaven schlechterdings nicht miteinander harmonisieren.

4

Die Zauberflöte prägt auf allen Handlungsebenen ein elementares, dualistisches Weltverständnis aus: göttlich und menschlich, gut und böse, hell und dunkel, Tag und Nacht, männlich und weiblich, weise und ungebildet, aufgeklärt und abergläubisch, zivilisiert und naturhaft oder asketisch und triebhaft lauten die wichtigsten der bestimmenden Gegensatzpaare. Einige von ihnen geraten in sich und untereinander in Konfrontation, doch werden alle aufkommenden Konflikte in der Weise abschließend gelöst, wie es den Erwartungen an Märchen entspricht. Auf die simpelste, banal anmutende, aber stets als erlösend empfundene Formel gebracht: Am Ende siegt das Gute. Das allgemeine Wohlgefallen des Publikums daran mag von Anfang an das gewesen sein, was Mozart als »stillen Beifall« wahrnahm und was ihn nach eigenem Bekunden am meisten freute.

Im Textbuch fehlen Angaben zu Ort und Zeit der Handlung, weil es archetypische Konstellationen sind, die vorgeführt werden. Für die Menschen des späten 18. Jahrhunderts spielten dabei die Ziele der Aufklärung eine vornehme Rolle, wie die Handlung ja auch den symbolisch leicht zu verstehenden Weg *per aspera ad astra* zurücklegt. »Über raue Pfade« und unter großen Mühen gelangen Tamino und Pamina, in bescheidenerem Maße Papageno und Papagena zur Erkenntnis ihrer jeweiligen Bestimmung, wenn vielleicht nicht ›in den Sternen‹, so doch in einem menschlichen Dasein, das vom ungetrübten Licht individuellen Glücks durchflutet wird. Zu solchen Utopien hebt sich seit eh und je der Vorhang des Theaters. In der Musik, in Mozarts Musik zur *Zauberflöte*, werden sie für einen flüchtigen Moment tönende Wirklichkeit.